RULES & ROLES FOR
FEMALE INDEPENDENT
DIRECTORS

女性社外取締役の
リアルガイド

大塚泰子
デロイト トーマツ ファイナンシャルアドバイザリー合同会社＝編

BOW BOOKS

はじめに

　私がはじめて社外取締役に就任したのは、2021年でした。

　当時戦略コンサルタントとして15年以上、成長戦略、中期経営計画、新規事業などの検討支援を複数の企業さまにご支援させていただいていた私は、「外部目線でアドバイスする、という意味では、社外取締役の業務も似ているのかな」と思っていました。

　でも実際は全く違いました。

　いくら経営戦略、財務会計、人事、テクノロジーなどの知識があり、自分でチームをマネージし、さらに次世代幹部候補としてエグゼクティブコーチングなどを通して「組織のリーダーとしてのあるべき姿」を日々鍛錬していても、コンサルティングのプロジェクトをクライアントにご提供しているときのようなバリューを出せている実感がないのです。

　一体何が違うのかと考えました。

　そして、気づいたのが、社外取締役には、**"「特定の課題」と「切迫感」がない"** ということでした。

コンサルティング業務では、クライアントから特定の課題（たとえば、業務プロセスを高度化したいなど）が存在します。

もちろん、クライアント全員が本当にそれが必要だと思っていないケースもありますし、外部のコンサルタントを嫌うクライアントもいらっしゃいます。それでも、安くないお金を払って会社の重要課題として取り組んでいる以上、真剣に考えなければいけない。ですので、みなさん私たちの意見に耳を傾け、ともに変革に取り組んでくださるのです。

一方、社外取締役という仕事は、「経営を監督する」という役割上、特定のテーマがあるわけではありません。

そうなると、どうしても期待役割と提供価値の双方が漠とします。その中で価値を出すというのは、かなり難易度が高いのです。

そして毎月の取締役会で議論される内容が、毎回「切迫感がある」議題であるケースは少ないでしょうし（本来的には、それくらいの緊迫感を持って議論すべき議題が挙げられるべきだと思いますが）、そうなってくるともはや「私はどこで何をすればいいんだろう」状態です。

そして、本書のテーマでもある「女性」である、という難しさもありました。たとえば私が「キャリア15年の戦略コンサルタント」として意見を言っても、「女性の」「ダイバーシティの」視点だと捉えられてしまい、そのことで悩んだこともありました。

逆にいつも「女性ならではの意見をお願いします」と言われて困る、という声も聞きますし、そもそも自分以外全員男性の取締役会で発言するのも勇気がいる、というお悩みも聞きます。

外部の人間、かつ女性、という二重のマイノリティという存在として、取締役会に存在しているのが女性取締役です。さまざまな苦悩を抱えながら、役割に向き合っている方が多いものと推測されます。

　ただ、やはり二重のマイノリティである女性取締役が存在する意義は大きいのです。

　この本を書いていた2024年は、企業の不祥事が本当に多い１年でした。
　法律的にアウトだよね、というものはもちろんのこと、「昔は問題にならなかったかもしれないけれど、今の時代ではNGだよね」というものまで本当にたくさん。
　そこで思ったのが、
「意思決定層が、いかに自分の価値観をアップデートできるか」
が大切だということです。
　もちろん変わらない、変えてはいけないものもある一方で、昔ながらの価値観が誰かを傷つけるのであれば、それはあってはいけないことだと思います。

　これまで比較的画一的な価値観の人たちが意思決定層を占めていた日本が、これからどう変わっていけるのか——
　人はひとりでは変われない、自分とは異なる価値観の人間との関わりによって変われるのではないでしょうか。

　そもそも、"戦って奪い取る。24時間働く。家事は女性に任せる" みたいな価値観を、男女関係なく、今の20〜40代がどれだけ持っているんでしょうか？

そんな価値観と仕組みを前提とした会社や社会では、男女関係なく生き
づらい人も多くなって当然でしょう？　と思うのです。

　ですから、これは本当は**男女の話ではなくて、既存の価値観からの移行**
の話なのです。
　既得権益とそれ以外、とも言えるかもしれません。
　マジョリティによって占められていると思われている意思決定層、取締
役会が、実は日本全体で見たら、マイノリティが占めている、ということ
になるのかもしれません。

　だからこそ、私たちは、多様な視点を取締役会に持ち込まなければいけ
ません。
　たとえば、他社の視点を、若者の視点を、ワーキングマザーの視点を、
現代の視点を、グローバルの視点を、これまで「弱者」と言われてきた人
たちの視点を。

　私は女性社外取締役のみなさま、これから就任されるみなさまには、そ
のくらいの気持ちを持って臨んでいただきたいのです。
　そのために必要な武器になる内容を、本書に詰め込んだつもりです。

　Part1 Chapter4では、前述のような、「議題が曖昧」「得られる内部情報
量が限られる」などの課題を解決するために、どんな工夫が有効か。

　Part2では、男女関係なくひろく社外取締役として知っておくべき基礎
知識を、できるだけポイントを絞って整理しました。

006　はじめに

経営に求められる全ての知識（何が全てかなんて定義できませんが）で専門家になる必要はありませんが、**共通言語で会話ができる**くらいに理解しておく必要はあるでしょう。

　その上で、みなさまそれぞれの強みを発揮して、取締役会に多様性を根付かせていただきたいと思います。

　本書がボードルームで闘うみなさまの力に少しでもなれたら幸いです。

　２０２５年早春

著者代表　大塚泰子

Contents

はじめに——003

Part 1
女性社外取締役を取り巻く環境——018

Chapter 1
そもそも社外取締役とは何なのか?——021

1 | 政府からの要請——022
   (1) 失われた30年——022
   (2) 取締役会は機能していたのか——023

2 | コーポレートガバナンス・コードでの定義——027

3 | 投資家からの期待——029
   (1) 投資家と企業の視点のギャップ——029
   (2) ボード3.0——032

4 | 社外取締役に求められる役割——034

Chapter 2

なぜ「女性」社外取締役が 求められるのか?——037

1 | 2021年6月のコーポレートガバナンス・コードで 何が改訂されたのか?——038

2 | 政府は何を目指しているのか?——042

3 | 投資家は何を期待しているのか?——047

4 | なぜ、女性社外取締役が求められるのか?——051

Chapter 3

当事者たちの現状——053

1 | 候補者探し——055

　(1) 企業は、「女性であればいい」から「スキルを意識したもの」に、 本当に変わったのか?——055

　(2) 女性社外取締役自身は、「女性だから」声がかかった、 と思っている——060

　(3) 企業と女性社外取締役のギャップ——063

2 | オファー受諾——064

　(4)「実績」と「相性」を重視する企業——064

　(5)「次世代のために」「経験を社会に活かしたい」女性たち——066

3 | 就任中——067

　(6) ポジティブな変化を感じている企業——067

　(7) 女性社外取締役は、自身の能力を発揮できていると感じていない?——068

Chapter 4

実効性のある取締役会であるために──071

1│そもそもなぜ取締役会に多様性が必要なのか?──072

2│同質性が高い意思決定はなぜ危険なのか?──075

　(1) グループシンクに陥りやすい──075

　(2) グローバルで仕事ができない──078

　(3) アクティビストからの要請・ダイベストメントされる危険性も──079

3│女性役員比率とパフォーマンスの関係──081

4│実効性のある取締役会であるために必要なこと──084

Part 2
社外取締役必携基本マニュアル——090

Chapter 1
取締役の役割に関する会社法および
コーポレートガバナンス・コードの内容——093

1 | 取締役の役割——096
 (1) 取締役の役割——096
 (2) 取締役の報酬——098
 (3) 取締役の選任・解任・辞任——100

2 | 代表取締役の役割——102
 (1) 代表取締役とは——102
 (2) 代表取締役の選任・終任と任期——103
 (3) 代表取締役には広範な権限が付与されている——104

3 | 取締役会の役割——106
 (1) 取締役会は3人以上の取締役で構成される会議体——106
 (2) 取締役会の招集権者と招集手続——110
 (3) 取締役会の決議——111

4 | 指名委員会等設置会社の役割——114

5 | 社外取締役の役割——117
 (1) 会社法にて定められている社外取締役としての期待役割——117
 (2) コーポレートガバナンス・コードにて定められている
  社外取締役としての期待役割——118
 (3) 社外取締役としての5つの心得——119
 (4) 具体的な行動の在り方 (社外取締役の経営の監督)——124
 (5) 具体的な行動の在り方 (株主との対話やIRへの関与)——130

012 | Contents |

6 | 取締役が負う責任── 131

(1) 取締役が負う責任── 131
(2) 取締役の責任の免除・軽減── 133
(3) 役員等賠償責任保険── 134

Chapter 2

企業戦略── 135

1 | Business Definition── 137

2 | Value Proposition── 138

3 | 企業経営における6つの資本── 140

Column | 1　株主資本主義からステークホルダー資本主義へ── 143

4 | クロスSWOT分析で「競合他社と比較しつつ、勝てる市場機会を特定」する── 144

(1) 5forces分析── 145
(2) バリューチェーン分析── 148
(3) 4P── 149
(4) クロスSWOT分析── 150

5 | ビジデスモデルに落とし込む── 152

6 | 戦略実行のための社内の仕組み── 154

7 | テクノロジーの活用── 157

8 | サステナビリティ経営── 160

9 | グローバル経営とは── 164

10 | 社外取締役として確認しておくべきポイント── 166

Chapter 3

財務／会計——169

1│会計について——171
(1)そもそも、会計とは?——171
(2)予算・決算サイクル——173
(3)業績指標、財務分析——176

2│企業財務について——179
(1) そもそも、企業財務 (コーポレートファイナンス) とは?——179
(2) 資金の調達:有利子負債か株式発行か——180
(3) 資金の運用——183
(4) 資金調達の割合・財務規律——187
(5) 現預金の取り扱い——188
Column│2 「日本企業はＲＯＥが低い」問題——189

3│攻めの財務戦略——191
(1) 企業価値評価と攻めの財務戦略としてのM&A——191
(2) 投資価値評価におけるキャッシュ・フローの意義——193

4│企業価値向上のために——195
Column│3 最近のトレンドとしてサステナビリティ投資とは?——195

5│社外取締役に求められること——196

014 │ Contents │

Chapter 4

人材マネジメント——199

1 | 人材マネジメントとは何か?——200

(1) 人的資本経営への注目——200

(2) 人材マネジメントの全体像——202

(3) 人材マネジメントに対する社外取締役の役割——206

2 | 遵法観点でのディフェンス人事——207

(1) 労働条件や就業環境に関する確認——207

(2) 適切な運用実態の確認——209

(3) 自社の日常業務に関するチェック以外での確認場面——210

Column | 4　女性目線での育児・介護関係制度——211

3 | 戦略推進のためのオフェンス人事——213

(1) 戦略的要員計画の必要性——213

(2) 採用施策とDE&I——215

(3) キャリアパスイメージを中心とした人材育成計画——216

(4) サクセションプランの策定——218

(5) インセンティブ報酬、株式報酬の導入——219

Column | 5　指名・報酬委員会の運用例——221

Column | 6　グローバル人事——222

Chapter 5

内部統制—— 225

1│内部統制はなぜ必要か?—— 226

（1）内部統制がないと何が起きる?—— 226
（2）ガチガチな内部統制にしてしまうと?—— 227

2│内部統制とは何か?—— 229

（1）内部統制の定義（内部統制＝目的×基本的要素）—— 229
（2）内部統制の目的—— 231
（3）内部統制の基本的要素—— 234

3│内部統制の限界—— 241

4│社外取締役がチェックすべき内部統制のポイント—— 243

Column│7 システム技術事件—— 244
Column│8 「グローバル経営」×「内部統制」—— 246

Chapter 6

社外コミュニケーション（特に投資家との対話）── 249

1｜社外取締役とステークホルダーとの関係── 250

2｜機関投資家が社外取締役に求める／期待すること── 252

（1）社外取締役との直接対話を求める機関投資家の意図── 252
（2）機関投資家が社外取締役に最初に確認すること（総論）── 253
（3）良い社外取締役と悪い社外取締役── 253
（4）社外取締役を通しての確認事項（各論）── 255

3｜機関投資家と対話する際に留意すべきこと── 260

（1）コーポレートガバナンス・コードの徹底理解── 260
（2）会社に対する理解── 261
（3）コーポレート・ファイナンスの徹底理解── 262
（4）社外取締役としての矜持── 264

4｜各ステークホルダーとのコミュニケーション── 266

Column｜9　機関投資家との対話において、最近関心の高いテーマとは?── 269

ファイナンス・リテラシーを高めるお薦め参考文献── 270

おわりに── 272

Part

1

女性社外取締役を
取り巻く環境

私があるスタートアップ企業の社外取締役に就任したのは2021年、ちょうどその頃から「女性社外取締役バブル」という言葉が、ある種否定的なニュアンスも込めて使われるようになりました。

　2021年6月のコーポレートガバナンス・コードの改訂において、「企業の中核人材における多様性の確保」のため、「管理職における多様性の確保（女性・外国人・中途採用者の登用）についての考え方と測定可能な自主目標の設定」が求められました。これを受けて、多くの企業が、女性の内部昇格ではなく、女性社外取締役を迎え入れることでコーポレートガバナンス・コードの遵守を目指したのです。

　それから、4年目（2025年1月現在）。

- 当時と現在では何が変わり、何が変わっていないのか
- そもそも社外取締役が担う役割とは何なのか
- さらに言えば、このコーポレートガバナンス・コードの目的である「企業の中核人材における多様性の確保」が目指すところは何なのか
- どのように実現できるのか

　などを、あらためて考えることで、コーポレートガバナンス・コードの改訂が目指したものを一過性のバブルに終わらせない本質的な変化への第一歩としていければと思います。

大塚泰子

Chapter

1

そもそも社外取締役とは
何なのか?

　より法的な視点での位置づけや解説は、「Part2 Chapter1　取締役の役割に関する会社法およびコーポレートガバナンス・コードの内容」を読んでいただくとして、本章では、政府や東京証券取引所、投資家が、社外取締役に何を期待しているのか、という視点から、その役割を考えていきます。

1 │ 政府からの要請

　現在の「女性社外取締役の急増」から一般にも知られるようになった「社外取締役」という存在ですが、政府は本書執筆の10年以上前の2013年からこの改革に取り組んでいます。2013年の「日本再興戦略 "JAPAN is BACK"」（2013年6月14日 閣議決定）の中で、コーポレートガバナンスの改革が、日本の成長にとって重要なテーマであると位置づけられたのです。

◉───（1）失われた30年

　おそらく読者の多くは、いわゆる就職氷河期世代で、社会に出た瞬間からずっと不況、低成長しか経験していない世代でしょう。そんなバブル崩壊後の日本経済の停滞期を打開すべく、2013年日本経済の再生に向けた「三本の矢」の成長戦略として閣議決定された[1]のが、「日本再興戦略 "JAPAN is BACK"」でした。

　産業の競争力の鍵を握るのはあくまで民間企業であり、民間企業の力を最大限引き出したい、そのために「企業経営者には、決断し、行動し、世界と戦う覚悟を持ってもらわなければならない」、そして、その企業経営者の前向きな取組を、「株主等が」積極的に後押しできるよう「コーポレートガバナンスを見直し」、日本企業を国際競争に勝てる体質に変革する、それが、その日本再興戦略の狙いだったとされています。

◉──（2）取締役会は機能していたのか

　さて、ここで疑問を持った方もいらっしゃるのではないかと思います。なぜ企業経営者の前向きな取組に、株主等、外部の視点からの後押しが必要なのか、と。

　そこで、当時の取締役会がどのような状態だったのかを見てみましょう。以下は、デロイト トーマツが実施した「コーポレートガバナンスに関するアンケート調査結果2017年版」ですが、40％もの企業が、取締役会の中での「中期経営戦略に関する議論が不足している」と回答しています[2]。

　また、ベイン・アンド・カンパニー、株式会社ボードアドバイザーズが「日本企業の進化を加速させるボードアジェンダ」の中で、次のように述べています。

取締役会の議論内容（不足している議論）

取締役会で議論が不足していると考える分野については、「社長・CEOの後継者計画・監督」が回答企業の47％と最も多く、次いで「中長期経営戦略」が40％となった

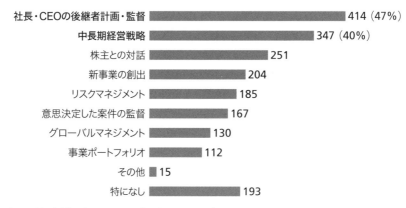

出所：取締役会実態調査アンケート結果（有限責任法人トーマツ）

インタビューの中で経営幹部の1人は「日本企業は概してROEや将来からバックキャストした経営課題よりも、P/Lや短期の経営アジェンダを過度に重視している」と評し、また、あるCEOは「取締役会では長期ビジョンやミッションの議論に十分な時間を割けていない。短期的に『何を、どうするのか』を議論することに多くの時間を費やしているが、それは執行役員が議論すべき事項である」と語る[3]。

　さらに、同じくデロイト トーマツによる2016年の取締役会実態調査アンケート[4]では、「直近事業年度（1年間）における取締役会付議事項の件数」を調査したところ、「決議事項と報告事項の件数割合は、決議事項が60％-70％、報告事項が30％-40％と回答する企業が最も多く、全体的にも決議事項の件数割合が高い傾向にある。これにより、取締役会の付議事項の件数では、＜モニタリング＞よりも＜オペレーション＞に関するものが多いことがうかがえる」とあります。

　なお、決議事項というのは、「重要な財産の処分や譲受」「多額の借財」「支配人などの重要な使用人の選任や解任」「支店などの重要な組織の設置や変更、廃止」などであり、付議事項は会議参加者への情報共有を目的として報告される事項です。

　これらの調査結果からも、当時の日本企業における取締役会では、「日々のオペレーションに関して決議する事項が多く、中期経営戦略など、経営の根幹に関わる内容についての議論が不足していた」様子が見てとれます。

　こういった状況も踏まえ、2013年の日本再興戦略の中では、
● 会社法を改正し、外部の視点から、社内のしがらみや利害関係に縛られず監督できる社外取締役の導入を促進する

決議事項件数（単位：社）

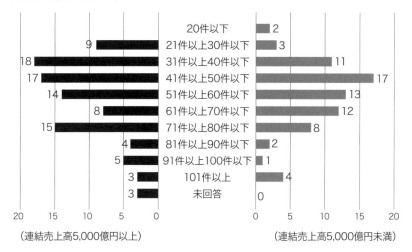

出所：取締役会実態調査アンケート結果（有限責任法人トーマツ）

報告事項件数（単位：社）

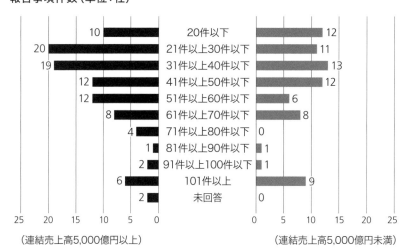

出所：取締役会実態調査アンケート結果（有限責任法人トーマツ）

- 機関投資家が、対話を通じて企業の中長期的な成長を促すなど、受託者責任を果たすための原則（日本版スチュワードシップコード）について検討し、取りまとめる

ことが記載され、2年後の2015年にコーポレートガバナンス・コードが策定されることになります。

以上のことからおわかりのように「コーポレートガバナンス」に対する政府の期待というのは、社外取締役を含む外部からの視点も活用することで、民間企業に中期経営計画を含む経営の重要な議論が促進され、成長が実現されるということなのです。

中長期的な視点に立った企業と投資家との建設的な対話

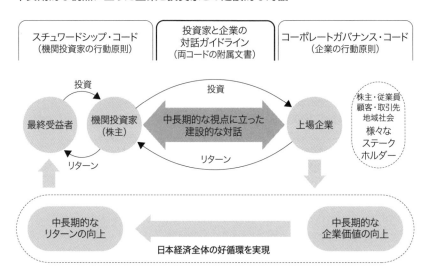

出所:「日本のコーポレートガバナンス―過去・現在・未来」（金融庁）

Part1
女性社外取締役を取り巻く環境

2 | コーポレートガバナンス・コードでの定義

　日本再興に向け、企業経営者を積極的に後押しできるよう定められたコーポレートガバナンス・コードですが、その中で、社外取締役は具体的にどのように定義されているかというと——5) 7)

❶ 経営方針や経営改善についての助言
　経営の方針や経営改善について、自らの知見に基づき、会社の持続的な成長を促し、中長期的な企業価値の向上を図る、との観点からの助言を行うこと。

❷ 経営の監督
　経営陣幹部の選解任、その他の取締役会の重要な意思決定を通じ、経営の監督を行うこと。

❸ 利益相反の監督
　会社と経営陣・支配株主等との間の利益相反を監督すること。

❹ ステークホルダーの意見の反映
　経営陣・支配株主から独立した立場で、少数株主をはじめとするステークホルダーの意見を取締役会に適切に反映させること。

027

詳細は、Part2のChapter1を読んでいただければと思いますが、2015年
当時のコーポレートガバナンス・コードで目指したのは「攻めのガバナン
ス」「ステークホルダーとの適切な協働」であり、「建設的な議論に貢献で
きる独立社外取締役」でした。

　当時の意図を踏まえて、現在のコーポレートガバナンス・コードを見る
と、やや「守り」のニュアンスが強まったようにも見えます。
　また、興味深いのは、2021年のコーポレートガバナンス・コード改訂
よりもずっと前の、2014年時点で「サステナビリティ」や「女性の活用
を含む多様性の確保の推進」といった文言も議論されていたことです。こ
れについては、次のChapter2で深耕します。

2015年コーポレートガバナンス・コード概要

コーポレートガバナンス・コード
・健全な企業家精神の発揮に資する「攻めのガバナンス」を確保
・株主はもとより、幅広い「ステークホルダーとの適切な協働」を通じた
企業価値の向上
・株主との建設的な対話の充実

株式の権利・平等性の確保
・株主の政策保有について、
✓保有に関する方針の開示
✓経済合理性の検証に基づく保有のねらい・
合理性の説明
✓議決権の行使についての基準の策定・開示

**株主以外のステークホルダーとの適切な
協働**
・社会・環境問題をはじめとするサステナビリ
ティを巡る課題に適切に対応
・女性の活用を含む多様性の確保の推進

適切な情報開示と透明性の確保
・利用者にとって有用性の高い情報の適確な
提供

株主との対話
・持続可能な成長に資するとの観点から、株
主との建設的な対話を促進するための体制
整備・枠組み

取締役会等の責務
・取締役会は企業戦略等の大きな方向性を示す
・建設的な議論に貢献できる2名以上の独立社外取締役の任命

出所：コーポレートガバナンス・コードの策定に関する有識者会議「コーポレートガバナンス・コード原案～会社の持続的な成
長と中長期的な企業価値の向上のために～」より作成

Part I
女性社外取締役を取り巻く環境

3 ｜ 投資家からの期待

　最後に、前述の2013年の日本再興戦略の中にも記載されている「対話を通じて企業の中長期的な成長を促すなど、受託者責任を果たす」ことが期待されている機関投資家ですが、彼らは社外取締役という存在に、何を期待しているのでしょうか？

◉──（1）投資家と企業の視点のギャップ

　まず前提として、企業と投資家が、取締役会の実効性向上に向けて、課題に感じていることのアンケート結果[6]（30ページのグラフ）をご覧ください。投資家からは社外取締役の存在が非常に重要であると考えられていることが見てとれます。

　31ページ、上のグラフに示すように、そんな彼らが社外取締役に期待することとしては、「独立した客観的な立場での発言・行動（72.9%）」「経営戦略、重要案件等に対する意思決定を通じた監督（51.8%）」が上位2項目となっています。

　前項でも、取締役会において「中期経営計画」に関する議論が足りていない、と企業自身も考えていたわけですが、投資家からもその点についての監督が期待されていることがわかります。

029

しかしながら残念なことに、右下のグラフを見てもおわかりのように、投資家からは社外取締役が十分にその期待役割を果たせているとは考えられていないのです。一方で企業は「期待どおり十分に果たされている」と考えており、大きなギャップが存在しています。

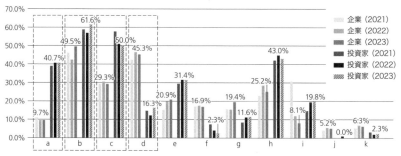

取締役会の実効性向上に向けての課題

a. 独立した社外役員の拡充
b. 取締役会全体の経験や専門性のバランスやジェンダー（女性取締役比率の向上含む）・国際性等の多様性確保（※）
c. 社外役員が機能発揮できる環境整備
d. 上程議案見直し・絞り込みによる重要事項に関する議論の充実
e. 投資家意見の取締役会へのフィードバック
f. 取締役会議題の事前説明の充実
g. 取締役会の実効性評価
h. 取締役会に求めるスキルの組合せ（スキルマトリクス等）の策定
i. 特段なし
j. その他（具体的には　　　　）

（※）2023年度より変更（2022年度は「取締役会全体の経験や専門性のバランスやジェンダー・国際性等の多様性の確保」）
回答数【企業】：2023年度444、2022年度469、2021年度474　　回答数【投資家】：2023年度86、2022年度98、2021年度95

出所：一般社団法人生命保険協会「企業価値向上に向けた取り組みに関するアンケート集計結果（2023年度版）」

030　｜ Chapter1 ｜ そもそも社外取締役とは何なのか？

社外取締役に期待すること

a. 独立した客観的な立場での発言・行動（※）
b. 経営陣の評価（選解任・報酬）への関与・助言
c. 経営執行に対する助言
d. 経営戦略、重要案件等に対する意思決定を通じた監督
e. 不祥事の未然防止に向けた体制の監督
f. 投資家との対話
g. 利益相反行為の抑止
h. 少数株主をはじめとするステークホルダーの意見を経営に反映
i. 会計や法律等専門家としての助言
j. 多様な観点（ジェンダーや国際性等）からの助言（※）
k. サステナビリティに関する助言（※）
l. その他（具体的には　　　）

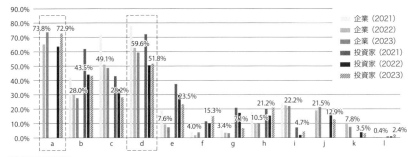

（※）2022年度より追加
回答数【企業】：2023年度446、2022年度468、2021年度474　　回答数【投資家】：2023年度85、2022年度97、2021年度95

出所：一般社団法人生命保険協会「企業価値向上に向けた取り組みに関するアンケート集計結果（2023年度版）」

社外取締役への評価

a. 期待どおり十分に果たされている
b. 一定程度果たされている
c. 不十分であり、改善の余地がある
d. 全く果たされていない
e. その他（具体的には　　　）

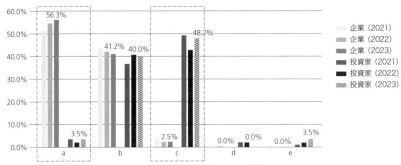

※投資家のみの選択肢である「e.投資家からは評価できない」を削除し、「f.その他」をe.に繰り上げた
回答数【企業】：2023年度444、2022年度467、2021年度473　　回答数【投資家】：2023年度85、2022年度98、2021年度95

出所：一般社団法人生命保険協会「企業価値向上に向けた取り組みに関するアンケート集計結果（2023年度版）」

◉──── (2) ボード3.0

　なぜ、このようなギャップが生まれてしまうのでしょうか？

　投資家が社外取締役に期待している、「独立した客観的な立場での発言・行動」「経営戦略、重要案件等に対する意思決定を通じた監督」といった役割をなぜ十分に果たすことが難しいのでしょうか？

　「ボード3.0」という言葉を聞いたことがあるでしょうか？[7]

ボード1.0から3.0へ

企業	時期	特徴
ボード1.0	1950〜60年代	・**助言**に重点を置く「アドバイザリーボード」 ・取締役は最高経営責任者が率いる経営チームに所属 ・社外取締役は、**顧問弁護士や取引先銀行**等の関係者で構成
ボード2.0	1970年代〜現在	・**監視**に重点を置く「モニタリングボード」 ・最高経営責任者以外は**社外取締役（経営陣から独立）**で構成 ・**指名・報酬・監督委員会**の整備が進展 ・社外取締役の課題として、**情報・時間・意欲の不足**が指摘されている
ボード3.0	2019年提唱	・「投資のプロ」である社外取締役が、**経営陣の戦略策定/遂行を監督**し、密に企業経営に関与 ・ボード2.0における**社外取締役の課題（情報・時間・意欲の不足）**の解消を狙う

032 ｜ Chapter1 ｜ そもそも社外取締役とは何なのか？

Part1
女性社外取締役を取り巻く環境

　現在の日本の取締役会は、ボード2.0にあたり、コーポレートガバナンス・コードで定められる社外取締役の期待役割は、助言、監督、ステークホルダーの意見の反映、となっているのですが、期待する社外取締役の役割を発揮するためには、一体どこまで経営方針や戦略に踏み込むべきなのかが、米国を中心に議論となっているのです。

　ボード3.0は、これまでの経営者との近すぎる関係性による馴れ合いや、圧倒的な情報量の違い、割ける時間の不足、それに伴う社外取締役自身のモチベーションの低さなどの課題を解消すべく、社外取締役に、専門家としてもう一段踏み込んだ役割を担ってもらうことを期待するものです。

　取締役会の構成メンバーに投資のプロを加え、戦略と事業実績の評価・予測・監督を専門的に担当してもらう、というもので、今後は投資家と社外取締役、という関係ではなく、投資家自身が社外取締役を担うというケースも増えてくるかもしれません。

4 | 社外取締役に求められる役割

　まとめます。政府、コーポレートガバナンス・コード、投資家からの視点を踏まえ、社外取締役に求められる役割のポイントは、以下です。

- 大前提として、民間企業の経営者が前向きな意思決定を積極的に後押しできる外部の存在であること。
- 2015年当時のコーポレートガバナンス・コードで目指したのは「攻めのガバナンス」「ステークホルダーとの適切な協働」であり、「建設的な議論に貢献できる」こと。
- 特に、中長期の経営戦略、重要案件等に対する意思決定を通じた監督機能を担うこと。
- 2021年改訂を経たコーポレートガバナンス・コードでは、「経営方針や経営改善についての助言」「経営の監督」「利益相反の監督」「ステークホルダーの意見の反映」といった、「守りのガバナンス」も求められている。

　ボード3.0の議論も踏まえ、今後、攻めと守りのバランスをどう取っていくのかは、重要なポイントになってくることでしょう。

Part I
女性社外取締役を取り巻く環境

注

1) https://www.kantei.go.jp/jp/singi/keizaisaisei/pdf/saikou_jpn.pdf

2) https://www.kantei.go.jp/jp/singi/keizaisaisei/pdf/saikou_jpn.pdf

3) 「日本企業の進化を加速させるボードアジェンダ」
ベイン・アンド・カンパニー、株式会社ボードアドバイザーズ）

4) https://prtimes.jp/main/html/rd/p/000000041.000000202.html

5) 金融庁「日本のコーポレートガバナンス － 過去・現在・未来 」(2022年1月6日)

6) 一般社団法人 生命保険協会
「企業価値向上に向けた取り組みに関するアンケート 集計結果 (2023年度版)」
https://www.seiho.or.jp/info/news/2024/pdf/20240419_3_5.pdf

7) 経済産業省「日本のコーポレートガバナンスに関する取組と将来展望 」(2021年12月20日)
https://www.ifra.jp/pdf/2021/1/114_web.pdf

035

Chapter 2

なぜ「女性」社外取締役が求められるのか？

　2021年6月のコーポレートガバナンス・コード改訂後、女性役員不在もしくは僅少の、多くの日本企業がこぞって、女性の社外取締役を招聘しました。

　プライム市場を含む上場企業3,795社（2021年度）のデータでは、前年度に女性役員ゼロで2021年度に女性役員を登用した311社（人数341人）のうち、社外役員での登用が286社（構成比91.9%、312人）となっており[8]、これが「数合わせ」の登用ではないかと疑問を持たれてしまう一因かもしれません。

　本章では、コーポレートガバナンス・コードでは女性社外取締役に何が求められたのか、その前提となる思想とは何なのかについて、考えていきます。

1 2021年6月のコーポレート ガバナンス・コードで 何が改訂されたのか?

2021年6月のコーポレートガバナンス・コードの改訂[9]をきっかけに多くの女性社外取締役が就任しました。なぜかというと、コードに、【原則4-8】「プライム市場上場企業において、**独立社外取締役を3分の1以上選任**」と【補充原則4-10①】「取締役会の下に独立社外取締役を主要な構成員とする独立した指名委員会・報酬委員会を設置することにより、指名や報酬などの特に重要な事項に関する検討に当たり、**ジェンダー等の多様性**やスキルの観点を含め、これらの委員会の適切な関与・助言を得るべきである」が加わり、その両方を一気に解決できるのが、「女性社外取締役」であると考えた企業が多かったから、とも言われています。

ただ、そもそも東京証券取引所は、本改訂の前から【原則4-11 取締役会・監査役会の実効性確保のための前提条件】において、「取締役会は、その役割・責務を実効的に果たすための知識・経験・能力を全体としてバランス良く備え、**ジェンダー**や国際性の面を含む多様性と適正規模を両立させる形で構成されるべきである」と定めていました。

また、この改訂そのものに加えて、2023年10月10日から施行された「**女性活躍・男女共同参画の重点方針2023**（女性版骨太の方針 2023）に係る上場制度の整備等に係る有価証券上場規程等の一部改正」への対応の意味も大きかったと思われます。

Part I
女性社外取締役を取り巻く環境

コーポレートガバナンス・コードの改訂の主なポイント

1 取締役会の機能発揮

- プライム市場上場企業において、独立社外取締役を3分の1以上選任（必要な場合には、過半数の専任の検討を慫慂
- 指名委員会・報酬委員会の設置（プライム市場上場企業は、独立社外取締役を委員会の過半数選任）
- 経営戦略に照らして取締役会が備えるべきスキル（知識・経験・能力）と、各取締役のスキルとの対応関係の公表
- 他社での経営経験を有する経営人材の独立社外取締役への選任

2 企業の中核人材における多様性の確保

- 管理職における多様性の確保（女性・外国人・中途採用者の登用）についての考え方と測定可能な自主目標の設定
- 多様性の確保に向けた人材育成方針・社内環境整備方針をその実施状況とあわせて公表

3 サステナビリティを巡る課題への取組

- プライム市場上場企業において、TCFDまたはそれと同等の国際的枠組みに基づく気候変動開示の質と量を充実
- サステナビリティについて基本的な方針を策定し自社の取組を開示

4 上記以外の主な課題

- プライム市場に上場する「子会社」において、独立社外取締役を過半数選任または利益相反管理のための委員会の設置
- プライム市場上場企業において、議決権電子行使プラットフォーム利用と英文開示の促進

出所：株式会社東京証券取引所「改訂コーポレートガバナンス・コードの公表」

この改訂では「プライム市場の上場内国会社における女性役員比率に係る数値目標の設定等」として以下が定められています。

❶ 2025年を目途に、女性役員を1名以上選任するよう努める。
❷ 2030年までに、女性役員の比率を30％以上とすることを目指す。
❸ 当取引所は、上記の目標を達成するための行動計画の策定を推奨する。
※上記の女性役員には、取締役、監査役、執行役に加えて、執行役員又はそれに準じる役職者を含むことができる。

　これ自体は罰則のない努力義務なのですが、東証は本件に対するパブリック・コメントへの回答[10] の中で、

- 本改正は、そうした中で、国内外の投資家がその投資判断において企業の女性役員比率を重視する傾向が強まっていることなどを背景に、政府の「女性版骨太の方針 2023」において、プライム市場の上場会社を対象とした女性役員比率に係る数値目標などが示されたことを踏まえ、実施することとしたものです。
- なお、数値目標については、企業行動規範の「望まれる事項」として規定するものであり、遵守しない場合において、不利益な取扱いを行うことを想定しているものではありませんが、積極的な対応が望まれます。

としており、投資家や政府からの要請を踏まえた対応であるとしています。

Part I 女性社外取締役を取り巻く環境

　現況、プライム市場上場企業の女性役員比率は13.4%であり、そのうち87%が社外取締役という状況です。男性の取締役は60.4%が社内登用であるのに対し、かなり大きな差が生じてしまっています。

　このような状況を踏まえ、社外取締役のみならず「企業の中核人材における多様性の確保」も定められています[11]。

プライム上場における男女・社内外別役員

年	役員数	うち、女性役員数	社内役員数	社外役員数	うち、男性役員数	社内役員数	社外役員数
2023.7	21,306	2,847 (13.4%)	369	2,478	18,459 (86.6%)	11,152	7,307

※社外役員の実数は女性1,790人、男性6,258人。

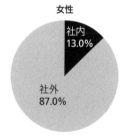
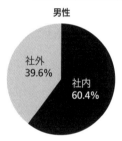

出所：内閣府男女共同参画局「企業における女性登用の加速化について」

041

2 政府は何を目指しているのか?

Chapter1で述べた通り、政府が目指していたのは、「企業経営者に、決断し、行動し、世界と戦う覚悟を持ってもらわなければならず」、その企業経営者の前向きな取組を、「株主等が」積極的に後押しできるよう「コーポレートガバナンスを見直し」、日本企業を国際競争に勝てる体質に変革する、ことでした。

なぜ、女性の登用が、日本企業が国際競争に勝てる体質への転換、に貢献できるのでしょうか。実はこの議論は2012年からなされているのです。

2013年の「日本再興戦略-JAPAN is BACK-」の前年となる、2012年、国家戦略会議[12]において当時の野田佳彦（民主党）総理大臣から「人材育成は我が国の成長のカギ」であり、「中間層の厚みを確保するため、女性の活躍が不可欠」である点が語られています。加えて、「女性登用の見える化（例えば、女性管理職の比率について、上場企業は有価証券報告書での開示が2023年から義務化されたが、それも含む議論が既になされている）」も提言されています。

この議論の中では、女性の活躍促進に取り組む意義として、次の表のように語られています。

女性の活躍促進に取り組む意義（2012）

ステークホルダー	意義
社会全体	・減少する生産年齢人口を補うという効果にとどまらず、新しい発想によるイノベーションを促し、様々な分野で経済を活性化する力となる
	・女性が一層活躍し、その活躍に応じた所得を得るようになれば、社会保障や税の担い手の中核となる「分厚い中間層」の形成につながり、社会の基盤を安定させ、社会の持続可能性を高める
	・女性の就業希望者は340万人、全労働人口の約5％に相当し、これらの女性の力が発揮されることによってGDPが約1.5％増加するという試算もある
	・女性と男性が喜びと責任を分かち合いながら、その能力と個性を存分に発揮できるようになり、個人にとっても、より満足度の高い生活につながっていく
企業	・グローバルにビジネスを展開する上では欠かせない取組となっている。多様な価値の受容を前提とするダイバーシティを進めることは、世界中の様々な市場への適応可能性やリスク耐性を高め、優秀な人材を獲得するための候補者のプールを広げ、企業の成長に必要な新たな価値を創造することにつながる
資本市場	・投資家の視点から、非財務情報としての女性の活躍状況の開示が重要であり、人権や雇用に関する一定の基準を満たさない場合、将来の企業価値が毀損されるリスクがあるネガティブ評価に用いられるケースと、企業価値の創造につながる有益な企業情報として、積極的な投資行動に結び付くポジティブな評価に使われる場合がある

出所：内閣府男女共同参画局「女性の活躍状況の資本市場における「見える化」に関する検討会　報告」をもとに作成

まさに、2024年12月現在でも議論されている内容であり、その先進性に驚きます。特に「単なる労働人口減少への対応」ではなく、「イノベーション創出」「well-beingにつながる」といった視点まで言及されており、革新的な内容であったものと言えるでしょう。

　さて、社外取締役も含まれる、「役員」について見てみると、「役員会における女性の活躍の意義」として、右のような記載があります。

　この中では、多様な価値を受容しやすい組織の方が株主利益の増進やリスク耐性の観点からも優れている、という視点から「コーポレートガバナンス」としての女性の必要性が説かれています。

　これらの提言を踏まえ、翌2013年4月には、各証券取引所がコーポレートガバナンスに関する報告書の記載要領を改訂し、上場企業に対して、女性の活躍状況の積極的な開示を要請しました。また、内閣府からも企業に働きかけを行うなど、女性活躍促進のために、まずは「見える化」から、という動きがあったのです。

　女性の役員を増やし、活躍してもらうことは、「様々なバックグラウンドや属性をもつ者によって構成され、多様な価値を受容しやすい組織の方が株主利益を増進すること」「市場変化への適応力やリスク耐性も高いこと」「ジェンダーダイバーシティの進んだ企業はそうでない企業に比べてROE（株主資本利益率）等の経営指標がよい傾向が見られること」「海外の投資家からの関心事になっていること」、それらに対する期待があったと考えられます。

Part I 女性社外取締役を取り巻く環境

役員会における女性の活躍の意義

ステークホルダー	意義
企業	・役員会は、一般的に同質的な人的構成による組織よりも、ダイバーシティの確保された組織、すなわち様々なバックグラウンドや属性をもつ者によって構成され、多様な価値を受容しやすい組織の方が株主利益の増進やリスク耐性の観点からも優れている（コーポレートガバナンスへの影響） ・そうした女性役員が当該企業の管理職以下の女性職員の目標ないしロールモデルとなって、社内の女性の活躍を一層促進する力になることも期待される
投資家	・役員会は、投資家のために経営者が企業経営を行っているかを監視する「コーポレートガバナンス」における中核機関であり、役員の人的構成を始めとするその在り方は運用機関、投資家の大きな関心事となっている ・役員会におけるジェンダーダイバーシティの進んだ企業は市場変化への適応力やリスク耐性に優れているとのデータや、ジェンダーダイバーシティの進んだ企業はそうでない企業に比べてROE（株主資本利益率）等の経営指標がよい傾向が見られるとの相関を示す分析は、様々な場面で度々言及されている ・欧州では、近年、企業の長期的な企業価値を高める要素として、役員会における女性参画の促進に、企業も投資家も大きな関心を払う状況になっている

出所：内閣府男女共同参画局「女性の活躍状況の資本市場における「見える化」に関する検討会 報告」をもとに作成

045

そして「日本再興戦略」では，「女性の活躍促進や仕事と子育て等の両立支援に取り組む企業に対するインセンティブの付与等」「女性のライフステージに応じた支援」「男女が共に仕事と子育て・生活等を両立できる環境の整備」の3つの柱が定められ，指導的地位に占める女性の割合の増加に向けた施策が盛り込まれていきます。

「2020年に指導的地位に占める女性の割合30％」「2020年に女性の就業率（25歳から44歳）を73％にする」という成果目標が定められ，個別企業の役員・管理職等の登用に関する情報の開示なども取り組まれてきました。

　翌年（2014年）の「『日本再興戦略』改訂2014」では、有価証券報告書における女性役員比率の記載義務づけも盛り込まれるなど、矢継ぎ早に様々な施策が講じられていくのが、今から10年前の出来事です。

　そして、2023年6月に公表された「女性版骨太の方針」において、東証プライム市場に上場する企業の女性役員の比率を2030年までに30％以上にする目標が設けられました。ちなみに、中間目標として2025年までに19％という数値が定められていますが、2024年時点の東証プライム市場上場企業の女性役員比率は、16.8％です。

3 投資家は何を期待しているのか？

　欧州ではもう10年以上前から役員の多様性を、投資判断に用いています。日本の投資家はどうなのでしょうか？

投資判断における女性活躍情報の活用状況

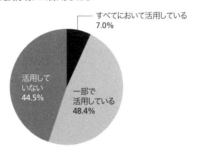

- すべてにおいて活用している　7.0%
- 一部で活用している　48.4%
- 活用していない　44.5%

投資判断における女性活躍情報の活用用途（複数選択）

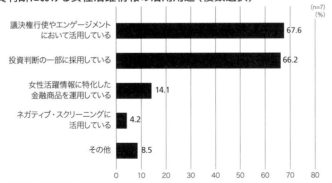

項目	%
議決権行使やエンゲージメントにおいて活用している	67.6
投資判断の一部に採用している	66.2
女性活躍情報に特化した金融商品を運用している	14.1
ネガティブ・スクリーニングに活用している	4.2
その他	8.5

(n=7)

出所：内閣府男女共同参画局「女性の活躍状況の資本市場における「見える化」に関する検討会 報告」をもとに作成

主な機関投資家の女性役員比率に伴う議決権行使基準

議決権行使助言会社、機関投資家	女性役員比率に伴う主な議決権行使基準
三井住友DSアセットマネジメント	・プライム市場上場企業は女性取締役の比率10%以上が原則
野村アセットマネジメント	・女性の取締役がいない場合、会長・社長などの取締役再任に原則反対 ・2025年10月以降は女性取締役の人数が10%を下回る場合、会長・社長などの取締役再任に原則反対
大和アセットマネジメント	・プライム市場上場企業において、取締役が複数のジェンダーで構成されていない企業の代表取締役の再任に反対
三菱UFJ信託銀行	・女性取締役が選任されていない場合、代表取締役の再任に原則反対
インベスコ・アセット・マネジメント	・取締役に女性が1名もいない場合、経営トップである取締役候補者及び指名委員会設置会社における指名委員長に原則として反対を検討
三井住友信託銀行	・プライム市場上場企業において女性取締役が不在の場合、再任の取締役選任に反対
ニッセイアセットマネジメント	・プライム市場上場企業において1名以上の女性取締役が存在しない場合、代表取締役の選任に原則反対（2025年6月から全上場企業に適用対象を拡大）
ISS（助言会社）	・女性取締役が1名もいない場合、経営トップの取締役選任に原則反対を推奨
グラス・ルイス（助言会社）	・プライム市場上場企業には最低10%以上の多様な性別の取締役を求める。基準を満たせない場合、取締役会議長、指名委員会委員長に反対の助言 ・2026年以降に開催される株主総会からは、プライム市場上場会社の取締役には、20%以上の多様な性別の取締役を求める。基準を満たせない場合、取締役会議長、指名委員会委員長に反対の助言
ブラックロック・ジャパン	・TOPIX100で女性の取締役/監査役が2名以上、TOPIX Mid400で女性の取締役/監査役1名以上の選任を求める
JPモルガン・アセット・マネジメント	・女性取締役が複数名選任されていない場合、代表取締役選任に原則反対

出所：各社の公表データをもとに作成

約55％の投資家が、女性活躍に関する情報を「議決権行使やエンゲージメント」「投資判断の一部」に活用していると回答しています[13]。

議決権といえば、某著名大企業2023年の株主総会で、役員に女性が1名も含まれていないことを理由に、創業家CEOの役員再任の賛成比率が否決ぎりぎりであったことが衝撃を呼びました。最近は海外の議決権行使助言会社だけではなく、国内の機関投資家も議決権行使基準を改訂しています。

この流れは、この1-2年でかなり顕著なものになっています。例えば以下のグラフをみると、「投資判断や業務において女性活躍情報を活用するのは、企業の業績に長期的には影響があると考える」と回答した割合が、わずか2年で20ポイントも増加しています。

投資判断や業務において女性活躍情報を活用する理由（複数選択）

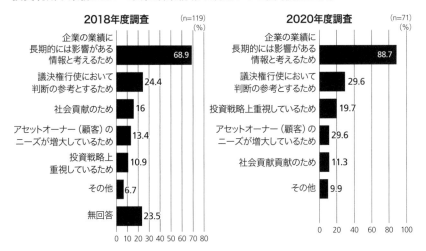

出所：内閣府男女共同参画局「女性の活躍状況の資本市場における「見える化」に関する検討会 報告」をもとに作成

2023年、世界の年金基金ら機関投資家で組織され、運用資産は77兆円にのぼる団体ICGN（国際コーポレートガバナンス ネットワーク）が、内閣府男女共同参画局と東京証券取引所のダイバーシティ施策に対し、苦言を呈したこともニュースとなりました。

ポイントとしては、「スケジュールを加速する必要がある」「目標を達成できなかった企業は『上場廃止』など何らかの『罰則を受けるかどうかを明確に』する必要がある」という点でした。この動きも、世界の投資家からのプレッシャーがますます強まっていく可能性を示唆しています。

また、投資家の33.7%が経営目標として重視すべき項目として、女性管理職比率に代表される下のグラフのS（社会）に関する指標を挙げています。企業自身もこれを上回る40%が重複すると答えています。2021年の調査では、15.2%だったので、この２年間で大きく変化しています。この点については次章で考えていきます。

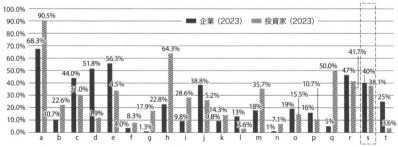

中期経営計画の指標（企業）/経営目標として重視すべき指標（投資家）

a. ROE（株主資本利益率）
b. ROA（総資本利益率）
c. 売上高利益率
d. 売上高・売上高の伸び率
e. 利益額・利益の伸び率
f. 市場占有率（シェア）
g. 経済付加価値（EVA®）
h. ROIC（投下資本利益率）
i. FCF（フリーキャッシュフロー）
j. 配当性向（配当／当期利益）
k. 株主資本配当率（DOE）(DOE=ROE×配当性向)
l. 配当総額または1株当たりの配当額
m. 総還元性向（(配当+自己株式取得)／当期利益）
n. 配当利回り（1株当たり配当／株価）
o. 自己資本比率（自己資本／総資本）
p. DEレシオ（有利子負債／自己資本）
q. 資本コスト（WACC等）
r. E（環境）に関する指標（CO2排出量等）
s. S（社会）に関する指標（女性管理職比率等）
t. その他（具体的には　　　　　　　　）

※回答項目数が多いため、2023年度の結果のみ表示　　（回答数【企業】：2023年度448）　（回答数【投資家】：2023年度84）

出所：一般社団法人生命保険協会「企業価値向上に向けた取り組みに関するアンケート集計結果（2023年度版）」

Part1
女性社外取締役を取り巻く環境

4 なぜ、女性社外取締役が求められるのか?

　ここまであげてきた、政府、投資家、コーポレートガバナンス・コードからの女性社外取締役への期待をまとめてみましょう。

● 政府は10年以上前から、女性役員比率が、労働力の充足のみならず、イノベーション創出やwell-beingの実現に繋がることを期待し、その拡大を目指していた。

● コーポレートガバナンス・コードでも、「取締役会の実効性確保」のために取締役の多様性を求め、特に指名や報酬などの重要な事項に関する検討に当たり、ジェンダー等の多様性やスキルの観点を含め、これらの委員会の適切な関与・助言を得るべき、とした。

● 投資家は、海外機関投資家の動きに端を発し、国内投資家においても投資先の女性役員比率などの状況を、投資判断に活用するようになっている。

051

注

8) 東京商工リサーチ
「上場企業3,795社 女性役員は641人増の3,575人、初の3,000人台 ～ 2021年度決算「女性役員比率」調査 ～」
https://www.tsrnet.co.jp/data/detail/1191469_1527.html#:~:text=%E3%81%97%E3%81%A6%E3%81%84%E3%82%8B%E3%80%82-,2021%E5%B9%B4%E5%BA%A6%E3%81%AE%E4%B8%8A%E5%A0%B4%2C795%E7%A4%BE%E3%81%AE%E5%A5%B3%E6%80%A7%E5%BD%B9%E5%93%A1%E6%95%B0,%E3%82%92%E5%BF%98%E3%82%8C%E3%81%A6%E3%81%AF%E3%81%84E3%81%91%E3%81%AA%E3%81%84%E3%80%82

9) https://www.jpx.co.jp/news/1020/20210611-01.html

10) https://www.jpx.co.jp/rulesparticipants/publiccomment/detail/d1/aocfb4000000379gatt/jr4eth0000003aw1.pdf

11) 内閣府男女共同参画局
企業における女性登用の加速化について
https://www.gender.go.jp/kaigi/senmon/keikaku_kanshi/siryo/pdf/ka29-6.pdf

12) 女性の活躍状況の資本市場における「見える化」に関する検討会報告とりまとめ
https://www.gender.go.jp/kaigi/kento/mieruka/siryo/pdf/honbun.pdf

13) 内閣府 男女共同参画局
ジェンダー投資に関する調査研究 報告書
https://www.gender.go.jp/policy/mieruka/company/pdf/r2gender_lens_investing_research_02.pdf

当事者たちの現状

　本書執筆にあたり、できるだけ多くの当事者の状況を把握すべく、複数の当事者の方々にインタビューをさせていただきました。すると、当事者間で興味深い認識の差が見てとれました。

これまで、政府やコーポレートガバナンス・コード、投資家の視点から、女性役員の必要性について考えてきました。ここからは、その当事者たる企業と、女性社外取締役の現状について、候補者探しから就任中の各フェーズごとに考えていきましょう。

本Chapterのポイント

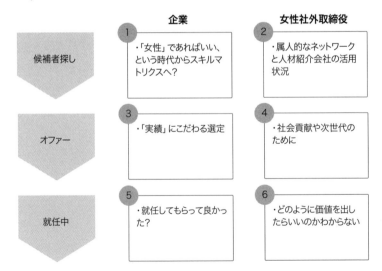

Part I
女性社外取締役を取り巻く環境

1 候補者探し

◉───(1) 企業は、「女性であればいい」から「スキルを意識したもの」に、本当に変わったのか?

　コーポレートガバナンス・コードが改訂された2021年以降、特にプライム市場上場企業では、投資家・株主から株主総会で「なぜ女性役員がいないのか」と問われるようになってきます。また、その頃から社外役員に就任する女性の属性が変化したと言われています。

　次ページの円グラフは、一都三県（東京都・神奈川県・埼玉県・千葉県）の上場企業における女性社外役員の経験業界ですが、民間企業（事業会社＋コンサルファーム＋金融＋ベンチャーキャピタル）が55.9％となっており、これまで大半を占めると言われていた士業（弁護士、公認会計士等）や大学教授の割合を上回っています[14]。

055

一都三県の上場企業における女性社外役員の経験業界
（2023年10月末時点）[15]

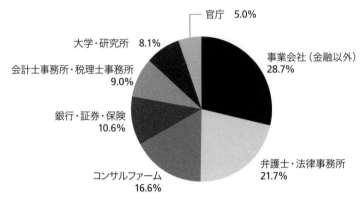

出所：（株）プロフェッショナルバンク「2023年上場企業の女性社外役員就任動向・傾向」分析

　この一因には、2021年のコーポレートガバナンス・コード改訂【補充原則4-11①】「取締役会は、経営戦略に照らして自らが備えるべきスキル等を特定した上で、取締役会の全体としての知識・経験・能力のバランス、多様性及び規模に関する考え方を定め、各取締役の知識・経験・能力等を一覧化したいわゆるスキル・マトリックスをはじめ、経営環境や事業特性等に応じた適切な形で取締役の有するスキル等の組み合わせを取締役の選任に関する方針・手続と併せて開示すべきである。その際、独立社外取締役には、他社での経営経験を有する者を含めるべきである」（下線部が改訂により追加された部分）において、「他社の経営経験を有する者を含めるべき」という一文が追加されたことも大きいかもしれません。

Part I

女性社外取締役を取り巻く環境

　さて、上記の補充原則の中で、「スキル・マトリックス」（取締役会のスキルの多様性をわかりやすく示すもの）という言葉も追加されているのですが、このときから広くこの単語が知られるようになりました。それ以前（2019年頃）から、スキル・マトリックスは紹介されていたのですが、2021年時点で開示していた東証一部上場企業は23%、それが今や、プライム市場上場企業の89.5%が開示するまでに浸透しています[16]。

　そのような状況もあり、特にプライム上場企業では、女性の社外取締役候補を探索する際にはスキル・マトリックスをもとにして探すようになった…というのが企業側の意見です。

　はたして本当にそうなのでしょうか？　それを受け取る側の女性社外取締役候補たちの想いは次セクションで記載するとして、ここでは企業側がどのようなスキルを求めているのか、見ていきましょう。

とにかく「経営経験」の有無にこだわる

　まず、企業が最も求めているのは「他社の経営経験」です。これは前述の通りです。コーポレートガバナンス・コードに記載されたこともありますし、日本企業の傾向として、とにかく「実績がある人」にこだわります。

　特にプライム市場上場企業に共通する希望人物要件には、「それ相応規模の」「経営者・経営層経験」がほぼ必ず入るレベルで求められると聞きます。中小企業やご自身で起業している方よりも、企業側が大手であれば大手であるほど、大企業での経営経験にこだわられるようです。一方で、そのような人材が多くいるはずもないことは理解されているため、「ではそれに準じた要件で」ということになります。

057

ファイナンス、グローバルという要件

4、5年前は人事やマーケティング、CSR、ダイバーシティ・SDGs等、女性が携わったことがあるような分野での人物要件が特徴として多かったようですが（今でも多いですが）、近年では海外・グローバル、ファイナンス、CFOをキーワードとする要件も増加傾向にあるようです。

ファイナンス領域の経験豊富な女性は意外と多いのです。例えば新卒で外資系金融機関に入社し、外資系ファンドへ転職する、というようなキャリアを歩んでいる人などが、そのイメージです。

また、未上場の企業ではベンチャーキャピタルが関与していることが多いのですが、上場前にVCの役員が抜けることから、ファイナンスの知識を持つ女性にリプレースするケースも存在するようです。

またグローバル担当として探しているというケースも多いそうですが、これを聞いて思い出したことがあります。それは「女性は日本本社での昇進の可能性が男性より低いので、海外子会社のポジションを経験し、昇進することもある（そもそも留学経験も女性は70%、男性は30%という調査結果も存在する）」[17] という話です。

確かにその傾向があるのは否めないでしょう。ただし、社外取締役で求められる「海外経験」とは「駐在していた」というレベルではなく、「グローバル事業を牽引していた」という経験が求められるそうで、なかなかそのレベルの経験がある女性というのも、現実的には多くないのが現状です。

スキル・マトリックスは細分化傾向

　直近のトレンドでは、スキル・マトリックスの要件が細かくなってきています。例えば「経営経験があって、かつ特定の技術に詳しい人」というような感じです。「社外取締役」が女性のキャリアパスとして認知されだしているので、企業側も「選ぶ立場」としての地位を強めて、要件を細かく提示してくるようになっているのかもしれません。

プライム市場以外はどうなのか

　今やプライム市場上場企業は、開示しないといけないため、スキル・マトリックスを意識した上での探索が基本となっているようですが（本当にスキル・マトリックスが機能しているのかは後述するとして）、それ以外の企業ではあまりスキル・マトリックスに言及されることはないようです。

　ただ、スタンダート市場、グロース市場の企業からの依頼、さらには未上場企業が上場のために女性社外取締役を探しているケースも増えています（どちらかというと、社外取締役よりも常勤監査役へのニーズであり、社外取締役は上場直前に求める傾向にあるようです）。

◉──(2) 女性社外取締役自身は、「女性だから」声がかかった、
　　と思っている

　さて、このように企業側の言い分としては、改訂コーポレートガバナンス・コードに従い、「他社での経営経験」を持ち、かつ自社の業界への理解や特定技術への知識など、かなり細かくスキル要件を提示して、候補者を探している、と考えているようですが、それを受け取る側の女性社外取締役候補たちは、どのように感じているのでしょうか？

結局「女性」であればいい？

　複数の女性社外取締役にインタビューしたところ、全員が「スキル・マトリックスと言ってはいるけれど、結局『女性だから』で選ばれている気がする」と言っていました。もちろんそれは悪い面だけではなく、「同質性から脱却し、異なる視点（この場合は女性の視点）が必要だ」と心から思っている企業もありますし、「社内に女性のロールモデルがいないので、社内の女性のためにその役割を期待する」という理由で声がかかったことに対しては、みなさんポジティブな反応でした。

　当事者たちが感じている「声のかかり方」は、3種類。
　①「女性がいい」という企業。「誰でもいい。スキル・マトリックスの
　　　どこかに当てはまればいい」パターン
　② 誰かが退任したので、次に探すなら、できれば女性というパターン
　③ 明確にピンポイントで求めるスキルが決まっているパターン
　ただ、やはり今一番多いのはいまだに①で、大半を占めていると感じているようです。

060　│Chapter3│当事者たちの現状

「スキル・マトリックス」はどう使われているのか？

　企業側が「スキル・マトリックス」に従って探し、選んでいると考えている一方、当事者たる女性社外取締役候補たちは、そのように感じていない人が多いようです。彼女たちからすると、「スキル・マトリックスは本質的に機能しているわけではないように感じる。穴埋め問題のようで、順番が逆で、実態は『人を選んでから理由付けで』スキル・マトリックスを定義しているようにも見える」とのこと。中には、その企業にとって、本当に重要なスキルであり、非常に特定のスキルを求められるケースもあるようですが、それは極めて少数である、ということです。

どうやって声がかかるのか？

　最近、社外取締役に「なりたい」女性たちについて、メディアでも面白おかしく取り上げられていますが、実際はどうなのでしょうか？
　私の周りで社外取締役に就任している方々は、60-70%が「もともと経営者が知り合いで依頼された」というパターンです。「知り合いの紹介」や「自分が退任するから引き継いでほしいと依頼された」も含めると、80%程度はそのルートではないかと思われます。

　なお、そもそもの絶対数としてはまだ多くはありませんが、スタンダード市場、グロース市場、未上場の企業が女性の社外取締役を探す場合は、候補となる知り合いが少ない企業が多いようで、人材紹介会社を頼ることになるようです。

一方で、人材紹介会社と話していると、「社外取締役になりたい」という ことでコンタクトしてくる女性が増えているのは確かなようです。ある 企業では、4年前くらいから、コンスタントに週に3、4名から問い合わせ がある、というほどの人気だそうです。

社外取締役を志望する女性たち

属性による傾向の違い	状況
職種	問い合わせをするのは事業会社の人が多く、士業の人たちは、自分たちでネットワークを持っているのであまり問い合わせはない
年代	・30-40代：「将来的に社外取締役になりたくて」と言って問い合わせをする人が多い ・40-50代：現状のボリュームゾーンであり、問い合わせをする人の60％超 ・60代：4-5年前は、圧倒的に60代が多かった 執行役員を定年退任する前に問い合わせしたり、事業会社在籍の50代、中には40代の人で通常の社員転職ではなく社外取締役を希望する人も大幅ではないが増えつつある傾向

　また近年では、キャリアオプションの1つとして「社外取締役」が考え られるようになっているのですが、その背景には「この会社では自分は取 締役になれないから」とか、「子会社の社長を務めており、ネクストキャリ アとして社外取締役を目指す」などの状況もあるようです。

◉───(3) 企業と女性社外取締役のギャップ

　つまり、企業は「スキル・マトリックス」に基いて候補者を探している、と思っていても、当事者たる候補者にはそれがきちんと伝わっていない現状が見てとれます。

　また、企業の要件として「経営経験」を重視するあまり、候補者がかなり限定的になっているという問題も大きくなっています。

　この後のセクションで考えていきますが、このようなすれ違いが、特に女性社外取締役が、「就任後にどう価値を発揮すればいいのかわからない」と悩む、という課題に繋がっていきます。

両者間のすれ違い

企業	女性社外取締役候補者
「スキル・マトリックス」に基づいて、選んでいる	「女性だから」が一番の条件になっている
とにかく「経営経験」があることが最重要	「経営経験」といっても、具体的なスキルや実績が求められることが少なく、結構雑だな、と感じる。「経営者だから戦略策定、財務会計等、一通りのことはできるでしょ?」という曖昧な感覚で依頼されている感じ
特にプライム市場上場の大企業では、「それ相応規模の」経営経験を求める	そのような経験者は限られており、特定の人材に依頼が集中している状態

2 | オファー受諾

◉───(4)「実績」と「相性」を重視する企業

さて、候補者探しを経て、「この人に就任してほしい」というタイミングでは何が起きているのでしょうか？

最終的な決め手となるのは、「求める知見」と「相性（企業トップ、及び取締役会）」のバランスです。とはいえ現実には、相性、特にトップ（意思決定権者）との相性はかなり重視される傾向にあります。

私自身、社外取締役に就任した際は、当時のCEOのビジョンに共感し、「この人が実現したい社会を一緒に創る手伝いをしたい」と思ったからなのですが、就任中に、途中でCEOが変わり、当然会社の戦略も変わり、ビジョンも変わり、私への期待値も変わったため、改めてチューニングすることが必要になりました。

企業が求める「実績」を持つ人材はどれくらいいるのか？

企業は、わかりやすい「実績」がある人を選びたがります。よく言われるのは「相応規模の経営経験がある人」「すでに上場企業の社外取締役を経験されている人」「大企業の取締役経験者」などです。

064 | Chapter3 | 当事者たちの現状

Part I
女性社外取締役を取り巻く環境

　では、そんな人材が一体どの程度いるのでしょうか？　もちろん海外の女性まで含めれば候補は増えるでしょうが、今回はいったん日本人に限って見ていきます。

　現在、プライム市場上場企業において女性の社内役員は、334名、社外役員は2,703名です。仮に、今後役員の女性比率30%を目指すとすると、5,742名。残り2,656名が必要になりますが、それをこれらの「大企業の取締役経験者」「上場企業の社外取締役経験者」から選びたい、となったらそれは必然的に、1人が複数社を兼任する形になります。

プライム市場上場企業における役員の数と女性比率

役員区分		上場企業全体			
		計	男性	女性	女性比率
社内役員	取締役	8,327	8,045	282	3.4% (2.8%)
	監査役	1,137	1,085	52	4.6% (3.5%)
社外役員	取締役	6,939	4,641	2,298	33.1% (28.1%)
	監査役	2,069	1,664	405	19.6% (16.7%)
小計		18,472	15,435	3,037	16.4% (13.6%)
執行役		671	622	49	7.3% (6.3%)
合計		19,143	16,057	3,086	16.1% (13.3%)

出所：一般社団法人日本経済団体連合会「上場企業役員ジェンダー・バランスに関する経団連会員企業調査結果（2024年度版）」

065

また前記はすでに複数社の兼任を含めた数値です[18]ので、兼任状態はさらに広がるでしょう。2024年時点において、上場企業の社外取締役を3社以上兼務している割合は女性が31%と、男性の22%を上回っている状況です[19]。実際、よく聞くのは「自分の本業の会社＋3社くらいまで」というもの。複数社を兼任する人は、オファー受諾の条件として、株主総会や取締役会など必須の会議のスケジュールを前提にされていたりします。

　企業側も兼任社数の上限を設けるようになってきているものの、求める要件に合致する人がいないので……というのが現状のようです。ちなみに、オファーを受ける側も兼任社数を気にしており、「これ以上の兼任は無理です」とお断りするケースも増えています。

◉───(5)「次世代のために」「経験を社会に活かしたい」女性たち

　候補者がオファーを受諾する際に
「これまでの経験を社会や企業に還元したい」
「自分軸より社会軸で役に立てる」
「後輩・次世代のために道を切り開きたい」
「自社ではこれ以上昇進が望めないので、社外で自分が培ってきた経験を活かせるのではないか」
「自分もさらに成長できる」
　といった想いが背景にあるようです。
「後輩・次世代のために、自分が社外取締役になることで道を切り開きたい」という意見は、男性の社外取締役候補者からは滅多に聞かれない、女性独特の意見とのことで、同じ女性としてとても心強いですし、ありがたいことだと思います。

Part1
女性社外取締役を取り巻く環境

3 | 就任中

◉───（6）ポジティブな変化を感じている企業

　以前は、「できるだけ何も言わずに座っていてくれる女性がいい」という発言をする企業もいたようで、実際、女性社外取締役の人たちからも「あまり強くものを言う人は敬遠される感じがする」という声をよく聞きます。取締役会の実効性を高めるために選定された女性社外取締役ですが、就任中はどのような状況なのでしょうか？

　現在、企業の人たちの女性の社外取締役に対するコメントには、ポジティブなものが多いようです。例えば「キャッチアップが速くて助かった」「問題提起に伴う質問の仕方がうまい」「専門性を発揮してもらえている」「多様な視点が入ることで議論が深まった」等です。「女性のロールモデルになってもらえてよかった」という声もあります。

　一方で、数は少ないながらも存在するネガティブな反応としては、「取締役会での質問内容が重箱の隅を突くようなものに聞こえた」「ご自身で調べることをせず、説明を求められて困惑した」といった意見や、「相性が合わない」という声も聞かれました。

067

◉───（7）女性社外取締役は、自身の能力を発揮できていると感じていない？

そんな企業に対して、女性社外取締役はどう感じているのでしょうか？「自身の専門知識を生かせて嬉しい」「やはり『女性ならでは』ということで意見を聞いてもらえる。取締役会でも『そこは女性に聞かないといけない』というコンセンサスがある」「女性の視点を入れられる」という点で達成感を感じられている一方、企業側の感想に比べ、「もっと貢献できるのではないか」と悩んでいる意見が多い印象です。

実はこの「企業側はポジティブだけれど、女性社外取締役は悩んでいる」という傾向は、男性側は「社会全体における男女の地位は平等」と19.6%が思っているけれど女性は10.4%、という状況[20]とよく似ています。

何に悩んでいる？

領域	よく聞く悩み
情報収集	・「独立社外取締役」となると、リーチできる情報が限られているので、どれだけ意義がある議論ができるかに悩む
取締役会の文化	・トップダウンが強い、オーナー系企業でオーナーの意見に取締役が何も意見を言えないような企業文化の企業もあり、そのような場では、発言しても遮られる ・発言してもスルーされる
関与の仕方	・企業側が本質的な議論を求めているのか、そこまで踏み込むよりはライトな関わりを期待している気がする ・執行してはいけないはずが、執行的なことを求められる ・「女性だからダイバーシティについてわかるでしょ」というスタンスで来られるが、専門家ではないのでどこまで意見を言っていいのかわからない
期待値の定義	・オファー受諾時に面談で確認してはいるが、やはり自身への期待値（スキル面）が曖昧なまま

よく言われる話ですが、マジョリティ側がマイノリティの悩みに気づくのは難しいものです。今回のように、「社外」かつ「女性」というマイノリティが重なったとき、それを乗り越えて、実効性のある取締役会にしていくためにはどうすればよいのか、次章で考えていきましょう。

社会全体における男女の地位の平等感

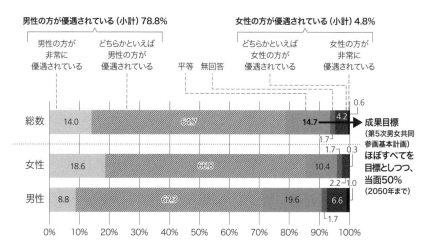

出所：内閣府男女共同参画局「女性活躍・男女共同参画の現状と課題」

注

14) https://prtimes.jp/main/html/rd/p/000000019.000005100.html

15) https://prtimes.jp/main/html/rd/p/000000022.000005100.html

16) https://www.meti.go.jp/shingikai/economy/jinteki_shihon/pdf/001_04_00.pdf

17) 東証上場会社コーポレート・ガバナンス白書2023（データ編）
https://ryugaku.jasso.go.jp/content/900002350.pdf

18) 日本経済団体連合会
上場企業役員ジェンダー・バランスに関する経団連会員企業調査結果（2024年版）
https://www.keidanren.or.jp/policy/2024/069_kekka.pdf

19) https://www2.deloitte.com/jp/ja/pages/about-deloitte/articles/news-releases/nr20241025.html

20) https://www.gender.go.jp/kaigi/senmon/wg-guideline/gijishidai/pdf/ka1-s4.pdf

Chapter

4

実効性のある取締役会である
ために

　ここまで、取締役に求められる役割、特に女性社外取締役への
期待、そして当事者たちの現状について考えてきました。ここで
は、それらを踏まえて実効性がある取締役会であるために必要な
ことは何か考えていきます。

1 そもそもなぜ取締役会に多様性が必要なのか?

　今一度、Chapter1で考えてきた、社外取締役に求められる役割を振り返ってみましょう。

- 大前提として、失われた30年を経て、日本経済を再興すべく、民間企業の経営者が前向きな意思決定を積極的に後押しできる外部の存在であること。
- 2015年当時のコーポレートガバナンス・コードで目指したのは「攻めのガバナンス」「ステークホルダーとの適切な協働」であり、「建設的な議論に貢献できる」こと。
- 特に、中長期の経営戦略、重要案件等に対する意思決定を通じた監督機能を担うこと。
- 2021年改訂を経たコーポレートガバナンス・コードでは、「経営方針や経営改善についての助言」「経営の監督」「利益相反の監督」「ステークホルダーの意見の反映」といった、「守りのガバナンス」も求められている。

　ここに、さらにChapter2で述べてきた、「女性」役員への期待値として、以下のような視点が加わります。

072 ｜ Chapter4 ｜ 実効性のある取締役会であるために

Part I
女性社外取締役を取り巻く環境

- 政府は10年以上前から、女性役員比率が、労働力の充足のみならず、イノベーション創出やwell-beingの実現に繋がることを期待し、その拡大を目指していた。
- コーポレートガバナンス・コードでも、「取締役会の実効性確保」のために取締役の多様性を求め、特に指名や報酬などの特に重要な事項に関する検討にあたり、ジェンダー等の多様性やスキルの観点を含め、これらの委員会の適切な関与・助言を得るべき、とした。
- 投資家は、海外機関投資家の動きに端を発し、国内投資家においても投資先の女性比率などの状況を、投資判断に活用するようになっている。

つまり「日本企業が再び世界で活躍できるよう経営者に対し中長期の経営戦略などの視点から監督、後押しをすること」「イノベーション創出やwell-being実現のためにも、その役割は多様性を勘案したメンバーが必要であること」、これらが、女性社外取締役に期待されていることなのです。

では、なぜ「社外の視点」「女性の視点」が必要になるのでしょうか？
ベイン・アンド・カンパニー、株式会社ボードアドバイザーズが「日本企業の進化を加速させるボードアジェンダ」において指摘しているポイントをご紹介します。

インタビュー回答者はまた、「深いインサイトに基づいたオープンかつ建設的な議論は価値創造の加速に必要であるにもかかわらず、過剰に階層を意識した形式的な議論を重んじる企業文化が依然として存在している」と話す。ある社外取締役は「取締役たるもの誰もが発言する必要がある。発言しなければ取締役会メンバーとして責務を果たしていないことになる」と主張する。

その理由の1つは、ここ数年で取締役会の構成員が多様化したとは
いえ、海外の同業他社と比較すると、いまだ陣容の特性に大きな偏り
が見られることだ。ある女性社外取締役は、現在でも日本の取締役会
の大半は男性中心（「オールド・ボーイズ・ネットワーク」）と評し、
「彼らはみな、昔からの知り合いであったり、出身大学が同じであっ
たり、同質なネットワークの外からの説明責任の追及やプレッシャー
が不十分。CEOは自分の周りを経営に異議を唱えない陣容で固めたい
と考えていたりする。これは優れたコーポレートガバナンスとは正反
対な動きだ」と語る。

　実際、世界各国と比較して日本は取締役会議長を兼務するCEOの割
合が71％と圧倒的に高い。加えて、社外取締役の割合は35％と最低
水準である。女性比率と外国人比率は上昇傾向にあるとはいえ、それ
ぞれ41％、6％と他国に比べて低い。アジア太平洋地域で見ても、日
本は年齢、ジェンダーバランス、外国人取締役比率の全項目でほぼ最
下位である。

　ちなみに、「多様性」という言葉は本来、ジェンダーのみならず、人種
や国籍その他の背景を含み、それを踏まえた多様性を社内、取締役会にも
たせている企業も一部現れてきてはいますが、本書では「女性」という多
様性を中心に考えていきたいと思います。

Part I
女性社外取締役を取り巻く環境

2 | 同質性が高い意思決定は なぜ危険なのか?

◉────(1) グループシンクに陥りやすい

　近年、様々な企業の不祥事が発覚しています。最近の主な事例から見ると、その要因は「特定のメンバーだけで意思決定されている」というケースがほとんどではないでしょうか。

　特定の性、年齢層、人種等もそうですが、例えば新卒からずっとその会社で他社経験がない人ばかり、というのもリスクがあると思います。

　例えば、株主総会で役員の選任をする際に、海外のように複数企業の経験がある人物であれば、当該人物のリファレンスチェックや成果を確認することができますが、新卒からその会社にしかいなかった人物については、ブラックボックスと言ってもいいレベルで、情報がわかりません。どこかの検討委員を務めているなど、社外でのプレゼンスがあればよいのですが、それもない場合、どのように判断すればよいのでしょうか?

　1つ、興味深い研究[21]をご紹介します。

　多様性が集団の意思決定に与える影響（この研究では、新しいメンバーがグループに加わることの影響）を分析しています。

075

❶まず、被験者たちは、ある「殺人ミステリー」に関する資料を渡され、最も疑わしい容疑者を自分1人で考えます。
❷次に男性ばかり3人のチーム、女性ばかり3人のチームに分けられ議論をし、誰が容疑者かを考えます。
❸その後、4人目がそれらのチームに追加されるのですが、このときに、

　a「男性ばかりのチームに、女性が1人追加」
　b「男性ばかりのチームに、男性が1人追加」、
　c「女性ばかりのチームに、男性が1人追加」
　d「女性ばかりのチームに、女性が1人追加」されます。

　その上で、再度、誰が最も疑わしい容疑者かを話し合うのですが、この場合、どのようなチームが最も正しく容疑者を予想できたでしょうか？

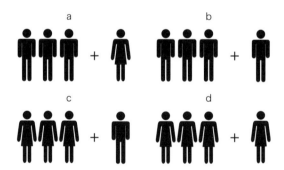

Part I
女性社外取締役を取り巻く環境

　結果は、男性ばかりのチームに女性が、女性ばかりのチームに男性が追加されたチームで、かつ、**その新規追加メンバーの意見に賛同したチーム**の正解率が最も高かったのです。

正解率

	既存メンバーと違う属性の 新参者を追加したグループ	既存メンバーと同じ属性の 新参者を追加したグループ
新参者の意見 に賛成	73.9	50.0%
新参者の意見 に賛成しない	66.7	58.8%

　しかも、この研究結果において、より怖いと思ったのは、同質的なグループは、パフォーマンスは多様なグループより低かったにもかかわらず、「自分たちは良いチームで、自分たちはみな、チームに貢献している」と、多様なチームよりも自分たちを評価していることでした。

◉───（2）グローバルで仕事ができない

　いわゆる、「グローバル・スタンダード」からの乖離、という話です。

　友人から、EUのクライアントに、白人男性だけで提案に行ったら「多様性を人種の意味でも、ジェンダーの意味でも理解していない企業とは働けない」と言われて、提案さえさせてもらえなかったという話を聞きました。

　また、アメリカでは、複数の企業の社員によるセミナーやパネルディスカッションなどへの登壇依頼があった際、「登壇者の男女比率が50:50でない場合、登壇しない」と決めている企業（パネル・プロミス、と呼ばれるものです）も少なくありません。

　日本企業でも海外の著名なビジネスパーソンや学者を呼んでセミナーを計画したい、という機会はよくありますが、たいてい、日本側の登壇者は男性ばかり、女性が入っていたとしても1人か2人、全体の5分の1にも満たないといったケースが大半でしょう。これでは当然海外の方々には登壇してもらえません。逆に海外のセミナーから依頼があっても日本企業側には男女バランスのとれた数の登壇候補者がおらず、エミネンスや業界でのプレゼンス低下につながることは、想像に難くないでしょう。

　各国が、ビジネスシーンにおいても様々なルールを定めている中、日本だけがこのままでは、海外企業と仕事ができなくなってしまうのではないかと危惧しています。

078　│Chapter4│実効性のある取締役会であるために

Part1
女性社外取締役を取り巻く環境

◉───(3) アクティビストからの要請・ダイベストメントされる危険性も

　前述の通り、2023年に東証プライム市場の某上場企業の株主総会で、同社の役員に女性が1人も含まれていなかったことを理由に、あやうくCEOの役員再任が否決されそうになりました。2024年にも投資ファンドから、複数の日本企業に対し顧客に占める女性の割合が高いことを踏まえ、女性の取締役を増やすことが求められました。その中では「理想は男女半々」であると意見されています[22]。

　Chapter2でも言及しましたが、現在では海外の機関投資家のみならず、国内の機関投資家も、取締役の多様性について指摘しており、本事例のように「女性取締役が1名もいない場合、経営トップの取締役選任に原則反対を推奨」や「TOPIX100で女性の取締役・監査役が2名以上いない場合、TOPIX Mid400で1名以上の選任を求める」など、様々な基準が設けられています。
　これらが遵守されない場合、ダイベストメント（投資引き揚げ）の可能性もあり得ます。

　なお、内閣府が公表している「機関投資家が評価する企業の女性活躍推進と情報開示」という資料[23]があるのですが、その中に、まさに前述のようなリスクに対する、機関投資家からのコメントが記載されています。

｜機関投資家からの評価ポイント｜

J社

　ある会社が出した広告に、女性にとって望ましくない表現があったが、女性側から見たら違和感を覚えやすかったと思われる。世に出る前に早く気がつくことができたのではないか。意思決定や判断にまで多様性が浸透していることが重要。

K社

　女性活躍推進を含む非財務分野の取組が進めば、従業員のコミットメントが進んだり、満足度やモチベーションが向上したりする。それが売上の向上や人件費の削減、リスクマネジメントの強化、訴訟・リコール費用の低減にも効いてくるかもしれない。

H社

　ダイバーシティに富んだ取締役会では、多様な視点からリスクマネジメントをすることができる。

出所：内閣府「機関投資家が評価する企業の女性活躍推進と情報開示」

3 女性役員比率とパフォーマンスの関係

　例えば、以下のような「女性役員比率が高い企業のほうが、ROE、ROS、ROICなどの経営指標の値が良い」という類の調査、データは、もう何年も前から、複数存在しています。みなさん、一度は見聞きしたことがあると思います。それでもなお、女性の登用が進まないのが日本の実情であると思っていますので、まずはそのリスク面から述べてきました[24]。

企業の業績と女性役員の比率

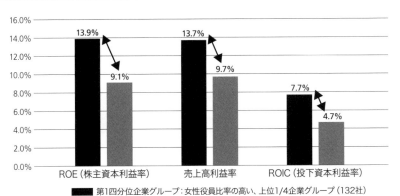

(注) ROE、ROS、ROICデータは、2001～2004年の平均値。役員数は2001年及び2003年。「フォーチュン500」企業 (520社) を対象。
出所：Catalyst「The Bottom Line: Corporate Performance and Woman's Representation on Boards」(2007)
※Catalystは、女性と企業分野における米国を拠点とした代表的なNPO。

なお、機関投資家が女性活躍情報を企業の業績に影響がある情報と考える理由について、下のグラフが示すように、約85%が「イノベーションに繋がることが期待できる」と回答しています。これはまさに政府が提言していた「女性役員を登用することでのイノベーション創出」に合致しています[25]。

　なお、内閣府が実施した調査[26]によると、機関投資家が重視している情報で最も多いのは、「女性取締役比率」の48.7%となっています。
　同調査は2018年に実施されたものですが、当時から次のような機関投資家からのコメントがされていたようで、たいへん興味深いです。

女性活躍情報を企業の業績に影響がある情報と考える理由

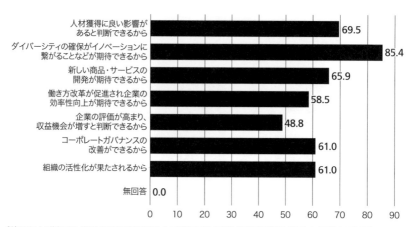

(注)アンケート回答者のうち、女性活躍情報を活用する理由について「企業の業績に長期的には影響がある情報と考えるため」と回答した82名を対象としている。

出所：内閣府「ESG投資における女性活躍情報の活用状況に関する調査研究 アンケート調査」（調査時期2018年8-9月）より

Part I
女性社外取締役を取り巻く環境

｜機関投資家からの評価ポイント｜

A社

　今までやってきたことを続けると、将来手詰まりになるビジネスモデルが増えている中、今までとは違う発想で違うことをやっていく必要性がある。その観点から、女性をはじめとして、今までにないタイプの人をボードや会社の中に増やさないと変われない。

B社

　これまで男性しかいなかった職種に女性を登用し、誰が入っても誰が作っても同じような品質を担保できたりするようなラインの見直しが行われるという例もある。女性が入ることによって、企業がもう一段高いところに行くきっかけが生まれる。

C社

　今までと違った考え方や、グループシンキングにならない新しい視点を入れることができる。女性をこれまで取り入れていないところにとっては、女性が入ることで、新しい視点や新しいビジネスが生まれる。新しく社内文化の改革が起こる、といったプラスの影響が出る。

D社

　柔軟で多様な意思決定を図ることができる。

出所：内閣府「機関投資家が評価する企業の女性活躍推進と情報開示」

083

4 実効性のある取締役会であるために必要なこと

女性の意思決定層（役員）がいかに重要かを改めて理解したところで、前章で示したような企業と女性社外取締役間のギャップを解消し、女性社外取締役にその能力を十分に発揮してもらうためには、どのような取組が有効なのか考えていきましょう。

実効性のある取締役会であるためのポイント

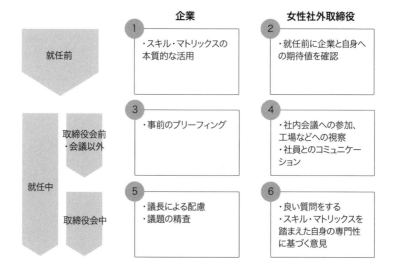

Part I
女性社外取締役を取り巻く環境

1 スキル・マトリックスの本質的な活用

　女性取締役から、「穴埋め問題のようだ」と言われているスキル・マトリックスですが、女性社外取締役になる候補者に対し、期待値を具体的かつ明確に示し合意する形に変えていくべきです。

　例えばChapter3で紹介した女性たちの生の声にもあったように、経営経験といっても、具体的に何を示しているのか、中長期戦略への理解なのか、財務・会計の知識、グローバルナレッジなのか、様々なはずです。「経営していたんだから、これくらいわかるだろう」ということではなく、明確に定義することが、お互いのミスコミュニケーションをなくすために必要です。

　また本質的には、スキル・マトリックスは、自社の戦略を遂行する上で求められるスキルに分解されるべきなのですが、どうもどの企業も下のような同じようなスキル・マトリックスを使っているようです。まずはそこから変えていくべきなのかもしれません。

スキルマトリクスの例

	A	B	C	D	E	F	G	H	I	J	K	L
企業経営	●	●		●	●	●	●	●	●		●	
財務・会計						●	●				●	
法務・リスクマネジメント			●								●	●
グローバルビジネス	●	●	●	●	●	●	●	●		●	●	●
テクノロジー	●	●	●	●		●		●		●		
人材ビジネス	●	●	●	●					●	●		
ESG・サステナビリティ			●		●		●					
トランスフォーメーション	●	●	●	●	●	●	●	●	●	●	●	●

085

❷ きちんと企業側に確認する

　インタビューする中で、「一回断ったら、もう声が掛からなくなりそうだから受諾する」「正式に決まってから、改めて詳しく聞くという人が多い」という意見を聞きました。これまでのインタビューで、社外取締役がキャリアパスの1つになっていることがわかりましたし、就任に対し前向きな人が増えているのはよいことだと思います。ただ、「とりあえず受諾しよう」ということでは、企業にとっても、社外取締役自身にとってもよくありません。

　このタイミングできちんと「自分のどの専門知識が期待されているのか」「何を、どこまで期待されているのか」等を具体的に確認しておく必要があります。また、このやり取りを通して、企業文化もある程度わかると思いますので、ときには断ることも必要です。

受諾前に確認したいこと

分類	確認ポイント例
具体的なスキル	・スキル・マトリックスを見ながら、企業の戦略上何を重視しており、自身に対して具体的に、どのような専門知識が期待されているのか ・単に「社外からの視点」など、曖昧な要望ではないか
関与のスタンス・割合	・社外視点での積極的・多様な発言を本当に求めているのか ・取締役会以外での企業側とのコミュニケーションの機会はあるか
取締役会の状況	・取締役会に向けて、どのようなコミュニケーションをしてもらえるのか（事前レクチャーなど） ・取締役会の進め方や雰囲気は

086 ｜ Chapter4 ｜ 実効性のある取締役会であるために

❸ 事前のブリーフィングなど、情報提供の機会を作る

　社外取締役は、月に1度の取締役会に出るだけでは理解が進まないため、最近は、大手企業を中心に、社外取締役向けの事前説明会を開催している企業が増えているようです。

　ちなみに「社内専門用語だらけの資料で理解が難しい」という意見が多く聞かれました。これは、「だから慣れ親しんだ役員から新任役員に変えるのは面倒」という固定化にも繋がるので、改善の必要があります。

❹ 企業を知る努力をする

　インタビューさせていただいた方の中には、取締役会の事前ブリーフィングだけではなく、経営会議のオブザーブや、ときには社員のみなさんとのミーティングなどを行っている人もいました。工場訪問もして、現場をよく理解しようとされている人もいました。私も、就任中は、「女性管理職の活躍支援」という視点で、女性社員の方々とのミーティングやコミュニケーションを積極的に取らせてもらっていました。

　また、社外取締役だけで集まって話す会を設けている企業もあり、どうしても「独立」社外取締役ということで情報量、ネットワークが少ない中では貴重なアプローチです。

5 取締役会中の配慮

Chapter1で述べたように、日本企業における取締役会では、「日々のオペレーションに関する決議事項が多く、中期経営戦略など、経営の根幹に関わる内容についての議論が不足」しがちのようです。取締役会では、中長期の議論にフォーカスできるように、企業側が議題を精査することが重要です。

インタビューの中でも、「短期的な議論は社内の執行役員で行い、取締役会では中長期的な議論を行う」としている企業がありました。

また、些末なことに聞こえるかもしれませんが、ロジスティクス上の工夫として、取締役会の議長が司会をする際に発言しにくそうな社外取締役に意見を求めることや、席順を社内取締役 対 社外取締役に見えないように交互に座ってもらう等の工夫をしている企業もありました。ここまできちんと考えて、意見が言いやすい環境をつくっている企業も存在しているのです。

6 まずは自身の専門性を活かした「良い質問」をする

企業から評価されている能力の発揮の仕方として「問題提起に伴う質問の仕方の上手さ」「専門性の発揮」という点がよく挙げられるようです。まずは、自身の専門領域において有益な助言をし、実績を積み重ねることが必要です。

その上で、「監督」機能たる社外取締役として、「社内の事情にとらわれない「中長期で」「全社視点」での質問を投げかけていくことが求められます。

ときには、これに「女性ならではの」という視点が入る議題もあるかもしれません(例えば、社内における女性活躍推進施策についての議題など)。

このように、実効性のある取締役会にしていくためには、企業も女性社外取締役も努力が必要です。私自身、月1回の取締役会のみならず、社員とのコミュニケーション、事前ブリーフィングなどで、毎週数時間はその企業のために費やしていました。その労力を考えると、「本業＋3社程度が限界」という回答は全くもって同意で、それくらい踏み込まなければ有意義な議論はできないのではないでしょうか。

注

21)Kwok, Woolley, and Phillips' 2009 paper "Is the Pain Worth the Gain? The Advantage and Liabilities of Agreeing With Socially Distinct Newcomers"
https://journals.sagepub.com/doi/abs/10.1177/0146167208328062

22) https://www.asahi.com/articles/ASS482SX3S48ULFA00SM.html

23) https://www.gender.go.jp/policy/mieruka/company/pdf/30esg_research_02.pdf

24) https://www.gender.go.jp/policy/mieruka/company/pdf/30esg_research_02.pdf

25) https://www.gender.go.jp/kaigi/kento/mieruka/siryo/pdf/m01-03-3-3.pdf

26) https://www.gender.go.jp/policy/mieruka/company/pdf/30esg_research_01.pdf

Part

2

社外取締役必携
基本マニュアル

chapter1 石川仁史
chapter2 大塚泰子
chapter3 熊谷圭介
chapter4 石原有希
chapter5 石川仁史
chapter6 古田温子

092

Chapter 1

取締役の役割に関する会社法およびコーポレートガバナンス・コードの内容

取締役には、広範な権限・役割が与えられているがゆえに、大きな責任を負っていることをご存じの方は多いと思います。

　本Chapterではその役割や責任の具体的な内容を簡潔に説明しますが、はじめに、訴訟の例を１つ紹介します。「取締役とは、そこまでの責任を負っているのか。自分が直接不正を働いたわけでもないのに…」と思われるでしょう。

Part2
社外取締役必携基本マニュアル

《事案》

　株式会社ダスキン（以下「ダスキン」）が運営するミスタードーナツで販売の「大肉まん」に当時の食品衛生法に違反する未認可添加物「t-ブチルヒドロキノン」（以下「TBHQ」）が使われていた。

　ダスキンの担当取締役2名は、TBHQ混入の事実を知ってからも、社内に報告せず独断で在庫の販売の継続を決定するとともに、その事実を指摘した取引先に口止め料6,300万円を支払っていた。

　当該担当取締役以外の取締役は、在庫販売完了後に当該事実を知ることになったが、開示・公表を行わないと判断した。

　ダスキンはその後も事実を公表していなかったが、厚生労働省への匿名の通報を契機にマスコミに大きく取り上げられることとなった。その結果、ダスキンには、売り上げ減少の他、フランチャイズ加盟店に対する営業補償費用、信頼回復のためのキャンペーン費用等の多額の損害が生じた。

　そこでダスキンの株主は、取締役・監査役13人に対して106億2,400万円の損害賠償を請求する株主代表訴訟を提起した。

≪大阪高裁の判決の概要≫

【担当取締役2名】（大阪高判 平成19年1月18日）

　直接不祥事に関与していたとして、善管注意義務違反を認め、**約53億円**の支払いを命じる判決を下した。

【上記以外の取締役・監査役11名】（大阪高判 平成18年6月9日）

　担当取締役2名の違法行為と事実の隠蔽について認識した後においても**事実を公表しなかったことに善管注意義務がある**として、残りの11人の取締役・監査役に対して、連帯して**約5億6,000万円**の損害賠償責任を認める判決を下した。

1 | 取締役の役割

◉───（1）取締役の役割

取締役は従業員にあらず

　取締役とは、取締役会のメンバーとして意思決定・取締役の監督に関与する機関です。

　従業員と会社は雇用契約で結ばれています。雇用契約は、雇う側である会社と雇われる側である従業員という主従関係を強く反映しています。雇用者（会社）は使用人（従業員）に様々な指示、命令を下し、使用人はそれらに従う必要があります。その反面、従業員には労働基準法などによって保護、権利が与えられています。

　一方、取締役と会社との関係は、会社の実質的所有者である株主から会社の経営を委任されている関係にあります。委任契約の内容として、会社の業務に関する大幅な権限が取締役に与えられることになります。

　取締役は、委任された事項について広範な裁量が与えられる一方、後述の**善管注意義務**や**忠実義務**といった義務を負うことになります。

Part2
社外取締役必携基本マニュアル

取締役は業務執行・業務執行の決定に大きく関与する重要なポジション

　会社がその目的を達成するためには、事業戦略を決定し、数値目標を設定し、数値目標達成のための計画を策定し、経営資源を配分し、商品を販売し、売れ行きのモニタリングをし、商品の改善策を検討し、さらなる売上アップの計画を策定しなければなりません。

　それらに関する意思決定を「業務の決定」または「業務執行の決定」といい、その執行を「業務（の）執行」といいます。業務執行の決定も業務執行も、株式会社の最重要事項ですが、どの機関がそれを行うかは、会社の機関構成により、下の表のように分類されます。

業務執行の決定と執行の権限

会社の機関構成	取締役会非設置会社	取締役会設置会社
業務執行の決定	・取締役が1名の場合 →当該取締役による単独決定 ・取締役が複数名の場合 →取締役の過半数による決定 （定款に別段の定めがある場合を除く）	・取締役会 （取締役は、取締役会の構成員として当該意思決定に参加する形をとる）
業務の執行	・各取締役 （定款で特定の取締役の業務執行権限を制約しない限り）	・代表取締役 または ・代表取締役以外の業務執行取締役

097

◉───（2）取締役の報酬

取締役の報酬は定款・株主総会で決定

　報酬とは、職務執行の対価として会社から支給される財産上の利益をいいます。金銭に限らず、現物報酬も含まれます。賞与も職務執行の対価といえるため、報酬に含まれます。

　取締役の報酬を、取締役会や代表取締役が自分の都合のいいように権利を使って取り計らう「お手盛り」を防ぐため、取締役の報酬は、定款または株主総会で決定するとされています。

　定款に定めがあればそれに従い、定款に定めがない場合、次の事項を株主総会で定めます。

- **報酬などのうち、額が確定しているものは、その額**
- **報酬などのうち、額が確定していないものは、額の算定方法**
- **報酬などのうち、金銭でないものは、その具体的な内容**

　取締役個々人の報酬額を株主総会で決める必要はありません。報酬の総額を株主総会にて決議し、各取締役に対する具体的配分は、取締役の協議などに委ねるのが一般的です。

　なお、各取締役の報酬が具体的に決定された場合、その額は取締役と会社間の契約内容となるため、当該取締役の同意がない限り、株主総会や取締役会の決議によって、減額することはできません。

取締役の退職慰労金は定款・株主総会で決定

　退職慰労金（弔慰金を含みます）は、在職中の職務執行の対価として支給される限り、報酬の一種であり、定款または株主総会の決議により額を定める必要があります。

　なお、通常の報酬と異なり、退職慰労金は、総額（最高限度額）を明示せず、具体的な金額・支給期日・支給方法を、取締役による決定に一任する旨の決議がなされるのが通例です。

　無条件に取締役会に決定を一任するのではなく、支給基準（会社業績、退任取締役の地位・勤続年数・業績等から決まるのが通例）を株主が推知しうる状況において、当該基準に従い決定すべきことを委任する趣旨の決議であれば無効ではないとされています。

◉───(3) 取締役の選任・解任・辞任

取締役は株主総会にて選ばれる

　取締役は、会社の実質的な所有者である株主で構成される株主総会にて選ばれます。株主総会で取締役を選任する際には、普通決議を経る必要があります。

> **普通決議**--
> 　議決権を行使することができる株主の議決権の過半数を有する株主が出席し、出席した当該株主の議決権の過半数の賛成により成立するもの

取締役の任期は原則2年

　取締役の任期、解任、辞任については、以下の通りです。

取締役の任期・解任・辞任

取締役の任期	・原則として2年 （選任後2年以内に終了する事業年度のうち最終のものに関する定時株主総会の終結のときまで）
取締役の解任	・株主総会決議により解任される ・ただし、解任に正当な理由がない場合、当該取締役は会社に対して損害賠償を請求することができる
取締役の辞任 （取締役がその意思により取締役の職を辞すること）	・いつでも可能

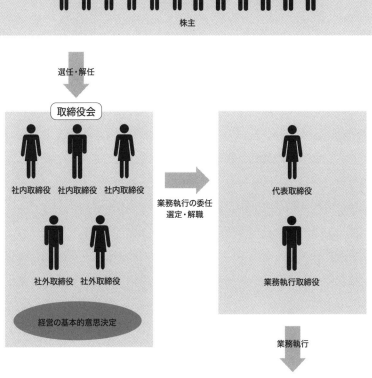

2 ｜ 代表取締役の役割

◉───(1) 代表取締役とは

　代表取締役とは、会社の業務を執行し、会社を代表する機関です。

　取締役会を置く会社では、代表取締役を選定しなければなりませんが、取締役会を置かない会社の場合、定款や定款の定めに基づく取締役の互選、または株主総会の決議による代表取締役の選定などの場合を除き、取締役全員が会社を代表します。なお、指名委員会等設置会社では、代表執行役が置かれるため、代表取締役は置くことができません。

　代表取締役は、会社の業務執行をするとともに対外的に会社を代表します。株主総会で会社の基本的事項を決定し、取締役会で業務執行の決定を行います。そして、代表取締役は取締役会の決定に従い、業務を執行することになります。

Part2

社外取締役必携基本マニュアル

◉───(2) 代表取締役の選任・終任と任期

　代表取締役は、取締役会設置会社では、取締役会の決議によって取締役の中から選ばれます。解任する場合も、取締役会の決議で行うことができます。代表取締役の人数は1人でも2人以上でもかまいません。

　代表取締役の任期、地位、解職、辞任については、以下の通りです。

代表取締役の任期・地位・解職・辞任

代表取締役の任期	・法律上の決まりはない
	・ただし、定款または決議で任期を定めていないときには、取締役の任期が代表取締役の任期となる（代表取締役は取締役であることが要求されるため）
代表取締役の地位	・取締役の地位を失えば、当然に代表取締役の地位を失う（代表取締役は取締役であることが要求されるため）
	・代表取締役としての地位を失っても、当然には取締役の地位を失うことにはならない
代表取締役の解職	・取締役会決議により解職される
	・解職に正当な理由がない場合、会社に対して損害賠償を請求することができる
代表取締役の辞任 （取締役がその意思により取締役の職を辞すること）	・いつでも可能
	・代表取締役を辞任しても、取締役の資格まで失わないため、以後は取締役としての職務を行う

103

◉───（3）代表取締役には広範な権限が付与されている

　代表取締役が保持する権限は、①対外的な会社の代表権、②取締役会から委任を受けた事項についての意思決定権限、③会社の業務執行権限です。

代表取締役の権限

①対外的な会社の代表権	・代表取締役は、会社の代表として、他の会社との取引を行う
	・代表取締役の代表権の範囲は、会社の営業行為など全てに及ぶ
②取締役会から委任を受けた事項についての意思決定権限	・会社の業務執行の決定をいちいち取締役会にかけていたのでは効率が悪いため、一部の事項を除いて、代表取締役に任せることができる
	→たとえば日常的な業務についての決定は代表取締役に任せることができる
	・代表取締役が決定すべき事項の範囲は、画一的に線引きされておらず、個々の会社の事情によって異なる
③会社の業務執行権限	以下の列挙事項を含め、代表取締役の行う業務は多岐多様にわたる
	・株主総会の招集を通知する
	・取締役会を招集する
	・財務関係の書類を作成する
	・定款を備え置く
	・新たに株・社債を発行する際に使用する申込書を作成する

Part2
社外取締役必携基本マニュアル

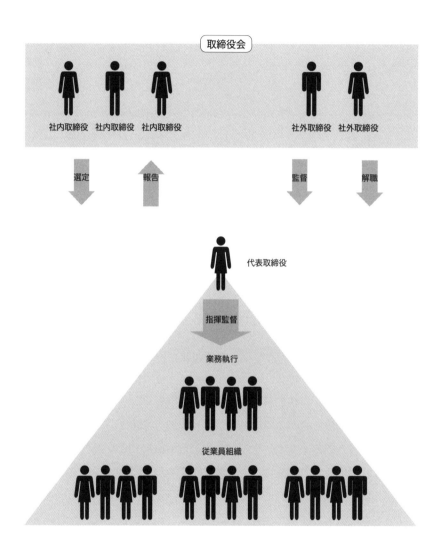

3 | 取締役会の役割

◉───（1）取締役会は3人以上の取締役で構成される会議体

　取締役会は、以下を行う、3人以上の取締役によって構成される会議体です。

　①業務執行の決定
　②取締役の職務執行の監督
　③代表取締役の選定・解職

　取締役の選任など会社経営についての基本的な事項は株主総会で決定しますが、それ以外のほとんどは取締役会で決められます。取締役会には、必要な情報を入手するなど、十分な準備をして臨む必要があります。

　取締役会で出された結論については、代表取締役だけではなく、個々の取締役も責任を負います。そのため、取締役会決議による行動が会社あるいは第三者に損害を与えた場合、その決議に賛成した取締役、反対の意見を述べなかった取締役は損害賠償責任を負う場合があります。議案に対して意見があるのであれば、取締役会で反対意見を述べ、また議事録に異議を記録しておく必要があります。

社外取締役必携基本マニュアル

取締役会決議事項（監査役会設置会社のケースを前提）の一覧

カテゴリー	サブカテゴリー	決議事項
株主総会	株主総会の招集決定関連事項	株主総会の招集（日時、場所、議題、議案等）
	株主総会付議事項（議題）の例	市場取引等によらない自己株式の取得
		株式の併合
		取締役および監査役の選任および解任
		取締役および監査役の報酬等の決定
		資本金の額の減少
		準備金の額の減少
		剰余金の減少による資本金の増加
		剰余金の減少による準備金の増加
		剰余金の処分
		定款変更
		事業譲渡等、事後設立
		会社の解散
		会社分割
		株式交換
		合併
		株式移転
		株式交付計画の承認
	株主総会の決議により授権された事項の決定	取締役の報酬額の配分など

カテゴリー	決議事項
取締役・使用人人事	代表取締役の選定および解職
	役付取締役の選定および解職
	特別取締役の選定
	業務執行取締役の選定および解職
	取締役の業務分担（使用人委嘱・解嘱を含む）
	取締役の関連会社並びに他事業会社役職位への就任
	取締役の競業取引の承認
	取締役と会社の利益相反取引の承認
	相談役の選任および解任
	支配人の選任および解任
	執行役員の選任、解任
	執行役員の役付の任免
	執行役員の関連会社並びに他事業会社役職位への就任
	執行役員の業務分担
	執行役員の報酬、賞与
	執行役員の競業取引、利益相反取引の承認
	事業部長などの重要な使用人の選任および解任
	重要な委員会の委員長の任命、解任
	定款の授権にもとづく取締役および監査役の賠償責任の軽減
	取締役会の招集権者および議長となるべき取締役の順位の決定
	重要な労使協定
	取締役の個人別の報酬等の内容についての決定に関する方針
	補償契約の内容の決定
	役員等賠償責任保険契約の内容の決定
	業務執行の社外取締役への委託

107

カテゴリー	決議事項
組織・規則	経営会議等の重要な会議体の設置および改廃
	支店の設置、変更および廃止
	重要な事業所、工場および研究所の設置、変更、廃止
	事業部などの重要な組織の設置、変更および廃止
	経営理念、行動準則、ガバナンス基本方針などの経営の基本方針の制定・改正
	取締役会規則の制定・改正
	取締役に関する規程の制定・改廃
	執行役員に関する規程の制定・改廃
	株式取扱規則の制定・改正
	重要な業務規程の制定・改正
	重要な就労規則の改廃
	重要な懲戒、解雇
	重要な会議体の運営規程の改廃

カテゴリー	決議事項
株式	定款授権による市場取引等による自己株式の取得
	子会社からの自己株式の取得
	取得条項付株式の取得の決定等
	取得条項付新株予約権の取得日
	取得条項付新株予約権の取得の決定等
	新株予約権の無償割当て
	自己株式の消却
	株式の分割
	株式の無償割当て
	所在不明株主の株式の売却
	1株に満たない端数の処理
	基準日の決定、基準日後に株主になった者のうち議決権を行使できる株主の決定
	単元株式数の減少またはその定めの定款の定めの廃止
	株式発行と同時に行われる資本金の額の減少（ただし、当該資本金の額の減少の効力が生ずる日後の資本金の額が当該日前の資本金の額を下回らない場合に限る）
	株式発行と同時に行われる準備金の額の減少（ただし、当該準備金の額の減少の効力が生ずる日後の準備金の額が当該日前の準備金の額を下回らない場合に限る）
	株主名簿管理人およびその事務取扱場所の決定
資金調達	募集株式の募集事項の決定
	有利発行を除く新株予約権の発行に関する事項の決定
	社債の募集事項の決定
	新株予約権付社債の募集事項の決定
	多額の借財
	重要な担保の設定

Part2
社外取締役必携基本マニュアル

カテゴリー	決議事項
会計	中間配当の実施（定款の定めがある場合）
	剰余金の配当（一定の基準を満たし、定款で定めがある場合）
	計算書類および事業報告ならびに附属明細書の承認
	臨時計算書類の承認
	連結計算書類の承認
	有価証券報告書（取締役会決議とするかは会社による）
	四半期報告書（取締役会決議とするかは会社による）
	決算短信、四半期決算短信（取締役会決議とするかは会社による）
	有価証券報告書、四半期報告書の訂正報告書（取締役会決議とするかは会社による）
事業再編	事業譲渡・譲受などの内容の決定
	合併契約の内容の決定
	吸収分割契約の内容の決定
	新設分割計画の内容の決定
	株式交換契約の内容の決定
	株式の無償割当移転計画の内容の決定
	重要な連結対象会社および関連会社の設立、取得、売却ならびに重要な統合、再編、株式移転、分割、減資、清算
	連結対象会社への第三者による増資
	グループ会社（子会社・関連会社）の構成を変化させる持株の変更
	その他連結対象会社に関する重要な事項
内部統制システム	当会社および企業集団の業務の適正を確保するために必要な体制の整備

カテゴリー	決議事項
その他の重要な業務執行	重要な財産の処分および譲受
	重要な契約の締結および変更
	重要な事業計画、中期経営計画、長期経営戦略
	重要な予算の決定・変更
	重要な企業買収、売却、資産取引等
	重要な事業の拡大・縮小および廃止
	重要な業務提携、技術提携
	重要な設備の売買、貸借等
	重要な土地、建物の売買、貸借等
	重要な社外との知的財産権売買、許諾および処分
	重要なクレームの処理
	重要な研究開発の開始、中止および変更
	重要な寄付金、賛助金、拠出金等
	重要な債務保証
	重要な他社の社債、株式の取得並びに処分
	重要な回収不能債権の処分
	重要な資金計画、運用方針
	重要な会計方針の変更
	重要な訴訟・和解に関する事項
	会社またはグループに重大な影響を及ぼすおそれのある事項についての決定
	取締役会評価の決定（報告事項とすることも可）

出所：日本コーポレート・ガバナンス・ネットワーク 取締役会事務局懇話会『取締役会事務局の実務——コーポレート・ガバナンスの支援部門として』（商事法務、2021）、中村直人『取締役会報告事項の実務〔第2版〕』（商事法務、2016）

109

(2) 取締役会の招集権者と招集手続

招集権者

原則 → 各取締役

定款または取締役会決議で特定の取締役を招集権者として定めた場合 → 当該取締役

招集権者以外の取締役が、招集権者に取締役会の目的事項を示して、取締役会の招集を請求した場合 → 請求後5日以内に、請求日から2週間以内の日を開催日とする取締役会の招集通知がなされない場合、請求した取締役自らが取締役会を招集することができる

招集手続

原則 → 取締役会の1週間前までに各取締役（+監査役）に招集通知を発する

定款で招集期間を短縮して定めた場合
・当該期間内に招集通知を発する
・実務上3日に短縮している例が多い

取締役と監査役全員の同意がある場合
・招集手続を省略しての開催が可能
・例えば、毎月一定の日時・場所で開催する定例取締役会はこの方法での開催といえる

Part2
社外取締役必携基本マニュアル

◉───(3) 取締役会の決議

　取締役会の決議は、取締役の過半数の出席と、出席した取締役の過半数の賛成が必要となります。

　決議につき特別の利害関係を有する取締役は、決議の公正を期する必要上、議決に加わることはできません（同人は定足数算定の基礎にも参入されません）。特別利害関係を有する例としては、譲渡制限株式の譲渡承認、競業取引・利益相反取引の承認、会社に対する責任の一部免除などがあります。

取締役会は、業務執行を決定し、取締役の職務執行の監督をする役割を担う

　前述の通り、取締役会は、業務執行の決定、取締役の職務執行の監督、代表取締役の選定・解職を行います。

　取締役会の重要な役割として、業務執行の決定があります。業務執行とは、例えば製造業界の会社であれば、原料・材料を仕入れること、商品企画の最終承認を行うこと、商品を製造すること、商品を販売すること、銀行から必要な資金を借り入れることなど、会社を経営していく上で必要な全ての行為を指します。

　取締役会は、業務執行の決定のうち日常的なものについて、代表取締役、代表取締役以外の業務執行取締役、常務会・経営会議などに委任することもできます。

　しかし、重要な財産の処分・譲受、多額の借金、重要な組織の設置・変更・廃止など、重要な業務執行の決定を委任することはできません。取締役全員の協議により適切な意思決定がなされることを期待されているからです。

111

また、取締役会の重要な役割として、取締役の職務執行の監督があります。取締役会は、業務執行に関する意思決定はするものの、業務執行自体は、代表取締役、代表取締役以外の業務執行取締役（および、執行役員などの当該取締役の指揮下にいる使用人）が行います。

　そのため、取締役会は、これら取締役の職務の執行を監督し、不適任と認めた場合には、それらの者を解職しなければなりません。

　東京証券取引所が策定した「コーポレートガバナンス・コード〜会社の持続的な成長と中長期的な企業価値の向上のために〜」においても、取締役会の役割として、以下の通り、監督機能の強化を図ることが重要だと説明されています。

　　上場会社の取締役会は、株主に対する受託者責任・説明責任を踏まえ、会社の持続的成長と中長期的な企業価値の向上を促し、収益力・資本効率等の改善を図るべく、
　（1）企業戦略等の大きな方向性を示すこと
　（2）経営陣幹部による適切なリスクテイクを支える環境整備を行うこと
　（3）独立した客観的な立場から、経営陣（執行役及びいわゆる執行役員を含む）・取締役に対する実効性の高い監督を行うこと
　　をはじめとする役割・責務を適切に果たすべきである。
　　こうした役割・責務は、監査役会設置会社（その役割・責務の一部は監査役及び監査役会が担うこととなる）、指名委員会等設置会社、監査等委員会設置会社など、いずれの機関設計を採用する場合にも、等しく適切に果たされるべきである。

執行役員

　執行役員とは、代表取締役などの指揮下で会社の業務執行を担当する役職をいいます。「役員」なる名称が付されており、また実務上も業務執行に関しては相当の裁量権を有していますが、法律上の「役員」ではなく、会社法上特段の根拠規定を有しない、事実上の役職です。社内における序列としては、一般的に、取締役と部長職の中間に位置付けられるとされています。

　1997年にソニーが導入したことで注目され、その後大手企業を中心に多くの国内企業において採用されるに至っています。

業務執行取締役

　業務執行取締役とは、取締役会から委任された範囲で業務執行を行い、会社を代理する権限を有する取締役をいいます。

　具体的には、代表取締役と代表取締役以外の業務を執行する取締役として選定されたものが業務執行取締役となります。

（「代表取締役と業務執行取締役」と両者別々の対になっている概念ではなく、「代表取締役らの業務執行取締役」のように前者は後者に包含されます。対にするなら、「代表取締役とそれ以外の業務執行取締役」ということになります）

　なお、業務執行取締役の中でも、専務取締役、常務取締役といった肩書により、会社の業務を分担する者を業務担当取締役といいます。これらの肩書は、通常、指揮命令系統の上位（社長に次ぐNo.2、あるいはNo.3の職位など）にある者に付けられます。

　業務担当取締役は「役付取締役」とも称され、他方、こうした肩書のない取締役は「平取締役」と呼ばれるのが一般的です。

4 指名委員会等設置会社の役割

指名委員会等設置会社とは、業務執行を担う執行役と、経営を監督する3つの委員会（指名委員会、監査委員会、報酬委員会）が置かれる会社のことです。

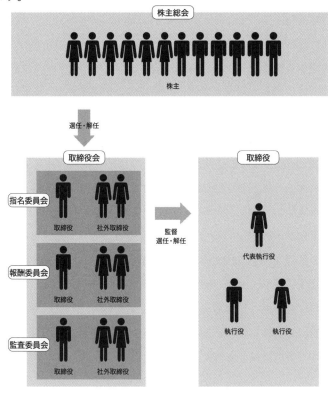

指名委員会等設置会社制度は、取締役会の監督機能の強化、業務執行の効率性の確保などのために認められたものですが、以下の特徴があります。

① 取締役会は、業務執行の決定を、自らが選任した執行役に大幅に委任できる
② 執行役がいわゆる経営者であり、取締役会は、主にその監督機能の役割を担う
▷後者による実効的監督を可能にするため、社外取締役が過半数を占める三委員会が置かれ、その委員会が強い権限を持つ

指名委員会等設置会社の各委員会

各委員会は、3人以上の委員で構成され、また各委員会の委員の過半数は社外取締役である必要があります。

各委員会の役割は以下の通りです。

指名委員会 株主総会に提出する取締役の選任・解任に関する議案の内容を決定します。

監査委員会 執行役や取締役の職務執行を監査します。

報酬委員会 執行役や取締役の個人別の報酬などの内容を決定します。

指名委員会等設置会社の取締役

指名委員会等設置会社の取締役は、株主総会において選任されます。

取締役が株主総会に提出する取締役の選任に関する議案の内容を決定する権限は、指名委員会が有します。

指名委員会等設置会社の取締役の任期は1年になります。

指名委員会等設置会社の取締役会

　指名委員会等設置会社においても、取締役会は、会社の業務執行全てにつき決定する権限を有しますが、機動的意思決定を可能にすることが指名委員会等設置会社を選択する理由であるため、実際には、業務の決定権限は、大幅に執行役に委任されます（それでもなお、経営の基本方針の決定や内部統制システムに係る事項の決定といった会社の根幹的な事柄は取締役会で決定する必要があります）。

　また取締役会は、執行役、取締役の職務の執行を監督します。指名委員会等設置会社は、各執行役が取締役会の決議により委任を受けた事項の決定を行い、かつ会社の業務の執行を行うため、執行役による当該業務の執行を監督することが、取締役会による監督の主要な部分を占めることとなります。

指名委員会等設置会社の執行役

　執行役は、取締役会による委任によって、会社の業務執行の中の一部についての決定と執行をします。

　執行役は取締役会の決議で選任・解任されます。

　執行役は取締役を兼ねることができます。

　執行役の人数は、1人以上何人でもかまいません。執行役が1人のときは同人が当然に代表執行役となります。執行役が複数いる場合には、会議体（執行役会）を設けて業務執行に対応することもできます。

　任期は、1年となります。

Part2
社外取締役必携基本マニュアル

5 社外取締役の役割

◉──(1) 会社法にて定められている社外取締役としての期待役割

　取締役会設置会社における取締役は、取締役会により代表取締役の業務執行を監督する役割を担っています。

　しかし、実務上、取締役は社内から選ばれることが多いため、馴れ合いが生じ、本来の役割を全うできないこともあります。

　会社法上、社外取締役については、その要件として、当該会社とその子会社における業務を執行していないことなどが定められています。

　社外取締役は、特に社外メンバーとして経営陣から独立した立場から、経営（経営陣による業務執行）の監督を行う役割が期待されています。

117

◉ ──(2) コーポレートガバナンス・コードにて定められている
社外取締役としての期待役割

❶ 経営方針や経営改善についての助言
　経営の方針や経営改善について、自らの知見に基づき、会社の持続的な成長を促し中長期的な企業価値の向上を図る、との観点からの助言を行うこと

❷ 経営の監督
　経営陣幹部の選解任その他の取締役会の重要な意思決定を通じ、経営の監督を行うこと

❸ 利益相反の監督
　会社と経営陣・支配株主等との間の利益相反を監督すること

❹ ステークホルダーの意見の反映
　経営陣・支配株主から独立した立場で、少数株主をはじめとするステークホルダーの意見を取締役会に適切に反映させること

出所:「コーポレートガバナンス・コード」(原則4-7.独立社外取締役の役割・責務)

Part2
社外取締役必携基本マニュアル

◉───（3）社外取締役としての5つの心得

1 経営の監督【最重要】〜経営陣の評価と指名・報酬〜

<u>必要な場合には、社長・CEOの交代を主導することも含まれる</u>

　社外取締役には、特に取締役会の監督機能の重要な担い手として、少数株主を含む全ての株主に共通する株主の共同の利益を代弁する立場にある者として、業務執行者から独立した客観的な立場で会社経営の監督を行い、また、経営者あるいは支配株主と少数株主との利益相反の監督を行うという役割を果たすことが期待されています。

　社外取締役が行うべき経営の「監督」については、経営陣による業務執行が暴走しないようにブレーキをかけるという「守り」だけでなく、会社の持続的な成長を実現するための「攻め」（適切なリスクテイクに対する後押し）の意味での監督も含まれます。

　平時から社長・CEO をはじめとした経営陣による業務執行が会社の持続的な成長と中長期的な企業価値の向上の観点から適切に行われているかを評価し、それに基づき社長・CEO の選任・解任（再任・不再任を含む）を行うこと、また、適切なインセンティブとなる報酬設計を行うことが重要な要素です。

　平時における「経営の監督」としては、経営陣が作成した経営戦略や経営計画、個別の業務執行の決定に関する議案に対し、主にその検討体制や作成プロセスを確認するため、経営会議等の社内会議において議論が尽くされているか、必要な検討が行われているかといった観点から取締役会で

119

質問を行い、経営陣の判断が、会社の持続的な成長と中長期的な企業価値の向上という観点から合理的なものになっているかの確認を行うこと、特に個別の業務執行の決定に関する議案に関しては、会社の中長期的な経営戦略との整合性があるかという視点から確認することも求められます。

過度に細かい業務執行に立ち入らない

社外取締役の最も重要な役割は経営の「監督」であり、「執行」は一義的には経営陣が担うものです。

取締役会に付議される個別の業務執行の決定に関する議案について、取締役会で決定した経営の基本方針や経営戦略との整合性、その検討体制やプロセスが適切なものになっているかを確認することは監督の一環として重要ですが、それを超えて、社外取締役が日常の業務執行に過度に細かな口を出すことには慎重であるべきです。

経営陣の適切なリスクテイクをサポートする

社外取締役には経営の監督を行うことが期待されていますが、これは、経営陣との対立関係や上下関係に立つことを意図したものではありません。「会社の持続的な成長と中長期的な企業価値の向上」は、経営陣、社外取締役、株主を含む多様なステークホルダーの共通の目標であり、社外取締役には、経営陣に最も近いところでこの目標の達成に向けて、「経営の監督」を通じて「協働」することが期待されています。

急激な環境変化の中で、会社の持続的な成長と中長期的な企業価値の向上を図るためには、既存事業の整理・改善・強化を図るとともに新規の成長分野への積極的な投資を行うことが求められます。

通常、新規分野への投資は不確実性の高いものであり、こうしたハイリ

スクな投資の原資を確保するためにも、内部調達資金として営業キャッシュフローの創出が重要であり、既存事業のうち競争力が低下傾向にあるものについては「整理」も含めた構造改革の検討・実行を先送りさせないことも社外取締役の重要な役割です。

② 社内のしがらみにとらわれず、会社の持続的成長に向けた経営戦略を考える

社内の常識にとらわれない視点

どのような会社であっても、その会社独特の文化が多かれ少なかれ存在し、特に人材の流動性が低い日本企業においては、独自の「社内の常識」が形成されやすいものです。このため、社内の常識にとらわれない視点から、会社の意思決定の妥当性をチェックしていくことは重要な役割です。

社外取締役としては、社内の常識が世の中の常識と乖離していると感じた場合には、その旨を率直に指摘し、十分な議論を行い、必要な場合には再考を促すことが求められます。その際、社外取締役が考える「常識」が「世の中の常識」といえるものなのかについては、他の社外取締役らとの議論などを通じて謙虚に考えていく姿勢も必要です。

中長期的な視点

社外取締役としては、経営戦略を議論する際に中長期的な視点に立つことはもちろんのこと、個別の業務執行の決定に関しても、会社の中長期的な経営戦略との整合性があるかという視点から確認する必要があります。

その際、運用方針により様々な時間軸で投資を行う株主との関係においても、経営陣が中長期的な時間軸で経営戦略を考えられるよう、サポートすることも求められます。

また、「未来」への中長期的な視点だけではなく、これまで会社が取り組んできたことが現在の取組にどのように繋がっていて、それが将来の会社の持続的な成長と中長期的な企業価値の向上にどのように結びついていくのか、「過去から現在、未来へ」という中長期的な時間軸で捉えることも重要です。

ESGやSDGsを含めた持続可能性を意識した経営の重要性

社外取締役としては、ESG、SDGsの視点やグローバルな潮流も踏まえて、会社が持続可能な経営を行えるよう意見する必要があります。

その際、公開市場で資金調達を行う上場企業の持続可能性は、資本コストを踏まえて十分な資本収益性を確保することを前提とするものであり、こうした収益性の確保を持続可能なものにするために ESG や SDGs の観点に配慮することが求められる点に注意する必要があります。

各事業部門の利害にとらわれない全社レベルでの「全体最適」の視点

社外取締役は、特定の事業部門に対して執着や思い入れを持たない立場から、個々の事業部門での「部分最適」ではなく、全社レベルでの「全体最適」の視点を持つことが求められます。

❸ 業務執行から独立した立場から、経営陣に対して遠慮せずに発言・行動

社外取締役は、社内のしがらみにとらわれず、社内の人が言いにくいことを言うことができる立場にあるため、業務執行から独立した立場として、あえて空気を読まずに、経営陣に対して遠慮せず、忖度なく発言・行動することを心掛けるべきです。

社外取締役には、経歴や血縁関係等に基づく客観的独立性のほか、いつ

でも会社を辞任できる覚悟を含む精神的な独立性が求められるため、会社に対して経済的に過度に依存しすぎないことが重要です。

4 経営陣と、適度な緊張感・距離感を保ちつつ、信頼関係を築く

　社外取締役は、経営を監督するという役割を果たすため、経営陣と適度な緊張感・距離感を保つことが求められます。

　一方、実効的な監督を行うためには、率直な意思疎通により社内の状況をよく知ることが重要であり、そのためには、経営陣との間でそれぞれの役割について相互に尊重し合う信頼関係を構築することも重要です。

　したがって、一方的に自分の考えを述べるのではなく、経営陣の話をよく聴き、自分の意見に対する反論にも真摯に耳を傾ける謙虚な姿勢が必要です。

5 会社と経営陣・支配株主等との利益相反を監督

　会社と経営陣・支配株主などとの利益相反が生じ得る以下のような場面では、独立的な立場から社外取締役が積極的に関与し、その妥当性を判断することが期待されます。

- MBO（マネジメント・バイアウト）や支配株主による従属会社の買収への対応
- 支配株主等との取引
- 敵対的買収への対応（買収防衛策の導入や実行等）
- 第三者割当増資

◉───(4) 具体的な行動の在り方（社外取締役の経営の監督）

　社外取締役には、経営の監督を行うため、視点の高い議論を行って取締役会の実効性を向上させる役割や、指名・報酬委員会を通じた積極的な指名・報酬への関与が期待されます。

1 取締役会の実効性向上

①取締役会の在り方への関与

> 　アジェンダ設定に関与し、中長期的な経営戦略、事業ポートフォリオの見直し等の重要な議案に注力するよう求める

　現状では、執行側の社長、CEO、会長が取締役会議長を務めている日本企業が大半で、アジェンダのセッティングも、執行側が主導しているケースが多いようです。しかし、取締役会においてどのような議題を議論するかは、ガバナンスを働かせる上で非常に重要です。社外取締役としても必要に応じてアジェンダセッティングに能動的に関与することが期待されます。

- 経営戦略等に関する議論を充実させること
- 執行側では上程する必要性を認識していなかったものの、監督の観点から重要な案件を取締役会に上程させること
- 重要な案件を適切な時期に取締役会に上程させて実質的な議論を行うこと
- そのために必要な審議時間を確保すること
- 必要な場合には付議基準自体を見直すことを提案すること

> 重要な議題については、固まる前の段階から繰り返し議論すること
> を求める

　現状、日本企業においては、中期経営計画の決定等の重要な議案につい
て、執行側が固めた素案が取締役会に上程され、多少の質疑応答を行った
上でそのまま承認されているケースが多いとも言われております。

　しかし、このような重要な議案については、コンセプトを検討する段階
や、執行側が素案を固め切っていない中間段階から、繰り返し議論するよ
う、社外取締役の側から働きかけを行っていくことが望まれます。

　なお、中間段階で議論する際には、取締役会の場だけでなく、インフォ
ーマルな場において議論することも有用です。

②取締役会を活性化させる工夫

> 発言の機会を増やすとともに、簡潔で付加価値の高い発言をするよ
> う心掛ける

　取締役会における審議を活性化させるための第一歩として、**取締役の発
言を増やす**ことが必要です。

　そのための方策として、以下が考えられます。

- 取締役会自体の審議時間を十分にとる
- 事前説明の充実等により議案説明にかかる時間を削減し、取締役会の進
  行を効率化する
- 取締役の人数を実質的な討議が可能な人数にとどめる

- 取締役役会で発言しやすくするために、会議室を小さくしてラウンドテーブルにする
- 座席配置を変える（例：社内と社外が対面する形から自由席にして社内と社外が混ざり合うようにする）
- 社外取締役が率先して発言や質問を行うことで他の取締役も発言しやすい雰囲気を作る
- 取締役会議長（社外取締役）が、発言の少ない取締役に発言を促して全てのメンバーを議論に参加させるようにする

　社外取締役は、取締役会における貴重な発言機会を活かすため、簡潔かつ付加価値の高い発言をするよう心掛けるとともに、自らの発言に責任を持つということを意識しなければなりません。

　社外取締役としては、**執行側に新たな気づきを与えるような建設的な質問や異なる視点や考慮事項の提示を行う**ことや、会社の大きな方向性（中長期的な経営戦略）に立ち戻っての議論を促すことが期待されます。

> その場で結論を得ることを目的としない議論の時間を設ける

　取締役会における実質的な議論や意見交換を増やし、取締役会を活性化させるための一手法として、その場で結論を得ることを目的としない議論の時間を設けることが有用です。

　具体的には、取締役会の議題として、「決議事項」と「報告事項」の区分以外に、その中間的な位置づけの議題として、「検討事項」、「討議事項」、「協議事項」、「懇談事項」等と称して、その場で結論を出さないことを前提とした議論の時間を設けることが考えられます。

> 経営陣に対応を求めた事項についてモニタリングする

　取締役会で審議を行い、経営陣に一定の対応を求めた事項について、その後の対応状況について報告を求める等、進捗状況や検討状況をモニタリングします。

③取締役会で建設的な議論を行うための取組

> 一定のテーマについて議論する任意の委員会を設ける

　社外取締役が一定数以上存在している会社（例えば、取締役が 10 名で、そのうち社外取締役が 6 名以上を占めているような会社）においては、事業ポートフォリオの見直しや ESG 等のサステナビリティといった主要なテーマについて、任意の委員会を設けることが考えられます。

　各人の専門的知見や経験・バックグラウンドに応じて、社外取締役の担当を分けて、各委員会でそれぞれのテーマについて会社の持続的な成長と中長期的な企業価値の向上の観点から集中的に審議し、取締役会に答申や報告を行うことにより、各テーマの議論を深めつつ、取締役会の限られた時間を有効に活用することが可能になると考えられます。

　社外取締役が取締役会の大半を占める米国等では、こうした任意の委員会（コミッティー）が設置されていることも少なくありません。

2 指名・報酬への関与

①指名・報酬への関与の在り方

> 後継者計画の策定・運用が適切に行われるように実効的に監督する

現在のように変化の激しい経営環境において適切な後継者指名が行われるようにするためには、その検討プロセスの客観性と透明性を確保することが必要であり、社外取締役が適切に関与することが期待されます。

最適な後継者指名を行うために現社長・CEOら社内者と社外取締役が共同して取り組むことが必要となります。

会社の持続的な成長を実現するために最も優れた後継者を選ぶという観点からは、社内人材に限らず、幅広い人材プールから候補者を検討することも有益です。特に、グローバル競争の中で成長を目指す企業にとっては、外国人を含め、グローバルな人材層の中から候補者を選定していくことや、社外人材を役員等のポストで採用し、社内で一定期間経験を積ませて、将来の社長・CEO 候補として育成していくこと等についても積極的に検討するよう、社外取締役が後押ししていくことが望まれます。

> 企業理念や経営戦略に基づく中長期的な経営目標（KPI）と整合的な報酬設計になっているかを確認する

会社の持続的な成長や中長期的な企業価値の向上に向け、企業理念や経営戦略に基づく中長期的な経営目標（KPI）と整合的な報酬設計になっているかを確認します。

128　│Chapter1│ 取締役の役割に関する会社法および
コーポレートガバナンス・コードの内容

その際、従業員等の賃金体系とのバランス等についても配慮しつつ、中長期的な観点から経営陣による適切なリスクテイクに対する後押しになっているか、グローバルな人材が確保できるか、といった観点が重要となります。

②取締役会、指名/報酬委員会の実効性評価

> 社外取締役自身の評価について、十分な貢献ができているか謙虚な姿勢で評価を行い、自律的にPDCAサイクルを回していくべき

社外取締役は経営の監督者であり、監督者である社外取締役を直接に監督する立場にある者は基本的に存在しません。このため、独善に陥るリスクがあることを自覚し、会社の持続的な成長と中長期的な企業価値の向上のために社外取締役自身が十分な貢献ができているか、謙虚な姿勢で自己評価・自省を行い、自律的に PDCA サイクルを回していくことを心掛けなければなりません。

> 社外取締役の構成やサクセッションプランについて、指名委員会が中心となり、中長期的な時間軸で社外取締役自身が主体的に考えていくべき

取締役会の実効性評価の結果や会社が置かれた状況を踏まえ、取締役会・社外取締役をチームとしてとらえ、様々な資質や背景を有する人材を組み合わせて全体として必要な資質・背景を備えさせる必要があります。

この観点から、指名委員会が中心となり、社外取締役の人材ポートフォリオの在り方を検討し、一定の任期で新陳代謝を図っていく必要があることも踏まえつつ、中長期的な時間軸で適切な構成を維持・確保するためのサクセッションプラン（後継者計画）について、社外取締役自身が主体的に考えていくことが求められます。

その際、スキルマトリックスを作成して確認する等により、性別や国籍の多様性にとどまらず、専門分野やバックグラウンドの多様性も考慮し、会社が目指している取締役会の在り方を踏まえて社外取締役全体として必要なスキルセットが確保されるよう配慮することです。

◉────(5) 具体的な行動の在り方（株主との対話やIRへの関与）

社外取締役には、投資家との対話を通じてその視点を取締役会の議論に反映させるとともに、投資家等への発信・説明を行うことが期待されます。

■1 投資家との対話を行い、持続的な成長と中長期的な企業価値の向上に有用なものは取締役会の議論に反映させる

社外取締役は、投資家との対話を通じ、投資家が会社の状況をどのように見ているかという資本市場の視点を把握するとともに、投資家の意見に耳を傾け、会社の持続的な成長と中長期的な企業価値の向上に有用となり得るものは、取締役会での議論に反映させる役割を担っています。

■2 監督者として投資家等への発信・説明を行い、必要に応じて取締役会として決定した方針の合理性や妥当性について投資家等の理解と納得を得るように努力すべき

Part2
社外取締役必携基本マニュアル

6 取締役が負う責任

◉——(1) 取締役が負う責任

善管注意義務と忠実義務

　取締役は、委任の趣旨である株式会社の取締役の地位にある者に通常要求される注意義務をもって、誠実に職務を遂行しなければなりません。法律上、これを善管注意義務(民法644条)といいます。善管注意義務が取締役に課せられている1つの表れとして、取締役は、会社に著しい損害を及ぼすおそれのある事実があることを発見したときは、直ちに当該事実を株主または監査役に報告しなければならないとされています。

　また、会社法355条は、「取締役は、法令及び定款並びに株主総会の決議を遵守し、株式会社のため忠実にその職務を行わなければならない」と定めています。これを忠実義務といいます。善管注意義務と忠実義務は同じ内容のものと考えられています。

131

経営判断の原則

　会社経営において、取締役の判断が結果として誤っていたり、会社の利益を失わせたり、損害を与えてしまったりすることも、当然起こり得るでしょう。その場合の結果責任の全てを、例外なく取締役に負わせてしまうと、取締役としては委縮してしまいがちです。ときに大胆な経営判断もできなくなってしまうかもしれません。

　そこで登場する考え方が、経営判断の原則です。

　結果的に会社に損害が発生してしまった場合であっても、意思決定の「過程」と「内容」に著しく不合理な点がない限り、取締役としての善管注意義務に違反するものではないとされています。

会社に対する責任

　取締役は、会社に対して、任務懈怠、すなわち故意または過失によって生じた損害を賠償する責任を負います。なお、一部に限って、無過失責任、すなわち過失がなくても責任を負うとする例外もあります。

　これにより、取締役の会社に対する責任については過失責任の原則が認められ、原則として任務懈怠がなければ、会社に対して責任を負うことはありません。

第三者に対する責任

　取締役の任務懈怠行為によって、会社以外の第三者（取引先、消費者、顧客、労働者、場合によっては株主）に損害が発生した場合、取締役は、その第三者に対しても特別の責任を負います。

取締役が職務執行について、自らの任務懈怠を認識し（悪意）、または重大な不注意によって認識できなかった場合に、それによって第三者が受けた損害を直接賠償する責任を負います。

●───（2）取締役の責任の免除・軽減

取締役には高額の損害賠償請求がなされるなどのリスクがあります。
そこで、役員の職務執行が萎縮することを避けるため、会社に対する責任の免除、軽減について、以下の制度が設けられています。

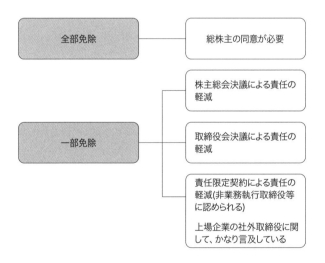

◉───(3) 役員等賠償責任保険

役員等賠償責任保険（D&O保険）というものがあります。これは、株式会社が保険会社との間で、役員（Directors and Officers）の賠償責任に対してかけられる会社役員責任保険をいいます。

株式会社の役員は、職務遂行にあたって、株主や第三者から賠償責任を問われる可能性があります。D&O契約を締結している場合、役員などの行為により生じる損害について、保険会社が補填することになります。これにより、役員などが職務遂行にあたり萎縮することなく、職務にあたることができるという効果が期待できます。

D&O保険は、すでに上場会社を中心に広く普及しています。

Chapter

2

企業戦略

筆者は、戦略コンサルティングというサービスを、もうかれこれ約20年にわたり、クライアント企業のみなさんに提供しています。成長戦略、中期経営計画、新規事業、M&A戦略などなど。そんな私が言うのもなんですが、みんな軽々しく「戦略」という言葉を使いすぎだと思っています。次は、私がコンサルタントになりたての頃、一番尊敬している上司に言われた言葉です。

　「君たち戦略チームの人間に言っておくが、戦略を意味するstrategyという言語は、ギリシャ語のstrategoiで、軍司令官の意味であって、戦争のための用語なんだ。軽々しく『戦略』なんて言うもんじゃない」

　やれ競合優位性がどうだとか、差別化要因がどうだとか、マーケットシェアを奪うとか、闘って奪いとるみたいな価値観の中で生きてきて、一体この考え方というのは、いつまで有効なのか、と思うのです。様々な経営資源が無限に存在し、資本主義市場も永遠に膨張し続けるというのは幻想ではないでしょうか。

　とはいえ、2024年現在、まだこの資本主義の世界の中で基本的な考え方を理解しておくことに意味はあるでしょう。守破離というやつで、基本的な型を知らなければ、新しい考えを生み出すことも難しいからです。本章ではまずトラディショナルな「戦略の考え方」をご紹介した上で（それをもとに経営層との共有言語としてください）、今、そしてこれからの時代に必要になる「新しい経営戦略の視点」についても触れていきたいと思います。

136　│Chapter2│企業戦略

Part2
社外取締役必携基本マニュアル

1 | Business Definition

　まず、考え方の大きな流れを紹介します。次の3ステップです。

❶「なぜ、この会社が存在するのか」という、自社の存在意義や社会的な意義を明確化する「**パーパス**」を定義する

❷ パーパスを実現するための、**ミッション・ビジョン・バリュー（MVV）**を定める

❸ MVVを実現するために、自社として「**何をするのか／何をしないのか**」を定める（これが戦略）

　❸の段階になってはじめて、「戦略」という言葉が出てきます。では、この「何をするのか／何をしないのか」をどう決めていくのか、というと、「**自社のビジネス領域を定義する**」ことが第一ステップであると言われています。**Business Definition**といいます。

　みなさんもよく利用しているであろう外資系コーヒーチェーンを例に説明します。彼らは自分たちのビジネスを「サード・プレイス」と定義してきました。サードプレイスとは、自宅でも職場でもない、第3のリラックスできる場所という意味です。彼らは、単にコーヒーを売っているのではなく、体験価値を売っているわけです。もし彼らが自分たちのBusiness Definitionを「コーヒー屋」と定義したら、今のような空間になっていたでしょうか？　Business Definitionとはそういうことです。

137

2 | Value Proposition

　自社の事業がDefinitionできたところで、やっと「じゃあその領域で何を提供していこうか」ということを考えます。これにはいくつかアプローチがありますが、私がよく使っているのが、**Value Proposition**という考え方です。

❶ 顧客が求めており、
❷ 競合には提供できない、
❸ 自社だからこそ提供できる価値とは何なのか、

ということです。

　このフレームワーク自体がかなり昔からあるものなので、アップデートが必要かと思います。例えば今の時代、「自社のみ」で提供するのではなく「他社と共創することで提供できるもの」も含めるべきでしょう。

　が、他社と共創するにせよ、自社と組んでもらう意味がないと共創もしてもらえないわけですので、「自社ならでは」の価値を明確化することは重要です。

138　｜Chapter2｜企業戦略

❶の顧客・市場ニーズの把握については、マーケットリサーチ、顧客インタビューなど様々存在しますし、だいたいみなさん、イメージがわくと思いますので割愛しますが、では、その顧客や市場からのニーズを踏まえ、自社として何を提供できるのか、をどう考えていけばよいのでしょうか？

バリュー・プロポジション

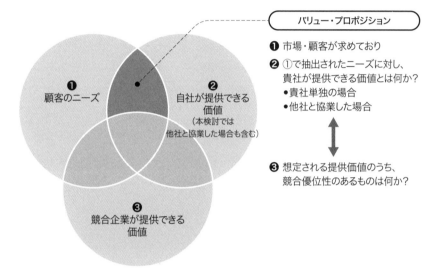

3 企業経営における6つの資本

　次に紹介するのは、最近よく耳にする「サステナビリティ」の考え方を
もとにしたフレームです。「市場・顧客のニーズ」に対し、自社として何
を提供していくのか、を考える際に、以下の「6つの資本」の視点から考
えていくのです。

　持続可能な経済モデルを実現するために、国際統合報告評議会（IIRC）
が提唱する概念で、企業がただ財務的な価値だけでなく、非財務的な資本
も考慮するべきだ、という理念のもとに提唱されています。

　以下がその6つの資本です。

IIRCが提唱する6つの資本

6つの資本	定義
財務資本	企業の金融資産や負債、株主資本など、金銭的な価値で測定される資源
製造資本	企業が物理的な製品やサービスを生産するために使用する資源（工場、機械、技術、原材料など）
知的資本	企業の特許、ブランド、企業文化、ノウハウなど非物理的資産
人的資本	従業員のスキルや経験、能力
社会関係資本	企業とステークホルダー間の関係、ネットワーク、信頼
自然資本	企業が利用する自然資源と環境への影響

140　│ Chapter2 │ 企業戦略

Part2
社外取締役必携基本マニュアル

　これまで長らく経営資源といえば「ヒト・モノ・カネ・情報」と言われてきましたが、これからの時代は、これらに加えて「社会関係資本」「自然資本」「知的資本（情報が一部これだったのかもしれませんが）」を含めた6つの資本を意識しながら、それぞれの資本効率を高めつつ、活用することが求められます。その上で自社は、何が提供可能なのか、を考えていくことで、これまでの株主資本主義からの転換を目指していくのです。

　具体的には、どのように考えればよいのでしょうか？　仮にコーヒーチェーンの企業の社外取締役に就いているものとして考えてみましょう。下記の顧客ニーズや価値なども架空のものです。

コーヒーチェーン企業Aの場合

6つの資本	顧客ニーズ	自社が提供できそうな価値
財務資本	低価格でも高品質を求める	
製造資本	欲しいときに品切れがあるともう買わなくなる	需要予測システムにAIを活用し、最適在庫を実現
知的資本	「この店でなければ飲めない」を求めている	契約農家、有名バリスタと連携した独自ブレンドの開発
人的資本	スタッフの感じの良さを最重視している	スタッフ教育の充実と報酬制度の高度化
社会関係資本	コーヒー豆農家の低賃金労働が問題視されており、企業の社会的責任を問う声が高まっている	農家への利益再配分の仕組みや、寄付の仕組み化
自然資本	コーヒーの持ち帰り容器に使用しているプラスチックに対して、α世代を中心にネガティブな反応が出ている	環境に優しい素材への切り替え

141

このように、それぞれの資本の「視点」を活用して自社だったら何が提供できるのか、「自社としての社会関係資本、自然資本により注力した、尖った価値提供にしていこう」ということも考えられるわけです。

　今回は、この後を考えやすくするために、この架空のコーヒーチェーンを「地球と人に優しいコーヒーを目指し、コーヒー豆農家と環境に世界一価値を提供する企業」という価値提供を目指す企業とし、これを例にとって後続のプロセスを解説していきます。

142 ｜ Chapter2 ｜ 企業戦略

Part2

社外取締役必携基本マニュアル

column│1

株主資本主義からステークホルダー資本主義へ

　現代の資本主義を象徴的に表す言葉として「株主資本主義」があります。1970年代、アメリカの経済学者フリードマンの主張から始まり、世界に広まったもので、企業経営において株主の利益を最優先とする考え方で、短期的な利益の最大化に重点が置かれてきました。

　しかしながら、現在、格差の拡大や気候変動など社会課題が深刻化する中、これを見直そう、という機運が高まっていきます。2019年8月、米国の主要企業が名を連ねる財界ロビー団体であるビジネス・ラウンドテーブルが、「株主資本主義からステークホルダー資本主義への転換」という声明を発表したことが大きなきっかけとなり、株主資本主義からの脱却が図られているのです。本声明には米国主要企業の180社以上が署名しています。

　さらに、2020年1月の世界経済フォーラム年次総会（ダボス会議）では、「ステークホルダーがつくる、持続可能で結束した世界」というテーマが掲げられ、その理念を後押しし、日本でも当時の岸田総理が「新しい資本主義」を掲げました。

「ステークホルダー資本主義」とは、企業活動に関わるステークホルダーに対し、長期的かつ継続的に利益を還元する、という考え方です。　ステークホルダーには、これまで中心とされてきた「株主」のみならず、「顧客」「従業員」「取引企業」「行政」「地域社会」「環境」も含まれます。

143

4 | クロスSWOT分析で 「競合他社と比較しつつ、 勝てる市場機会を特定」する

value proposition では、❶顧客が求めており、❷競合には提供できない、❸自社だからこそ提供できる価値とは何なのかが、重要だと述べましたが、では、「競合他社には提供できない」をどう探していくのでしょうか?

そこで、登場するのが有名なフレームワーク、5 forces、4Pなどです。ちなみにこういうフレームワークは、巷にあふれるコンサル本にはいろいろと書かれていますが、実際のコンサルティングの現場、特にクライアントとのミーティングで使うことはほとんどありません。

コンサルタント自身の頭の整理、検討の視点に抜け漏れがないか、などのチェックには有効なので、自分用・インターナルの検討用には今でも使うこともあるかな、というレベルです。

個人的にときどき検証用に使うのは、5 Forces、バリューチェーン分析、4P 程度でしょうか。そこで、この3つと、有名なSWOT分析を順にご紹介しておきます。

◉ ──(1) 5forces分析

　5 forces分析とは、自社を取り巻く業界構造を5つの要素から分析する手法で、アメリカの著名な経済学者マイケル・ポーター教授が1989年、著書『競争の戦略』の中で提唱しました。競争とは、競合企業に勝ることのみならず、業界内の利益配分をめぐる「企業と顧客」「新規参入者」「代替品の生産者」「サプライヤー」との綱引きを指します。

5forces分析

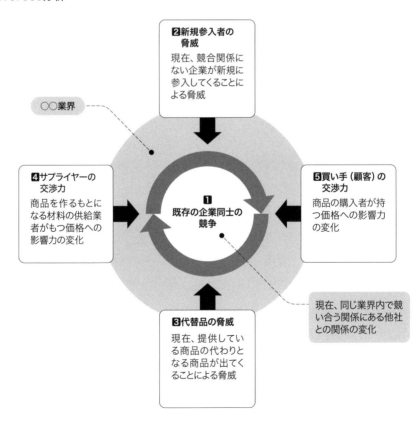

例えば「参入障壁が高い（金融などの規制産業や、装置産業で参入に莫大な資金が必要など）」場合は、おそらく新規の競合はしばらく出てこないでしょうから、既存の競合他社を意識して、強みを尖らせていきます。

　他には、買い手の交渉力が強い業界（例えば家電メーカーにとっての家電量販店など）なら、他社はどう対応しているのか、また自社として他の販売チャネルをどう構築していくかが肝だとわかるでしょう。

　例に挙げているコーヒーチェーンの場合について、先ほど、自社の価値は「地球と人に優しいコーヒーを目指し、コーヒー豆農家と環境に世界一価値を提供する企業」と仮説を置きましたので、その視点で考えてみました。

コーヒーチェーン企業Aの5forces分析

5forces	現状	競合他社の動向	自社としての打ち手
同業他社間の競争	低価格帯から高級店まで多様化し、市場が分散気味	「環境」「農家」を打ち出している企業は見当たらない	引き続き、この2点を尖らせていく
新規参入者	海外有名店の参入が一段落したものの、まだ可能性はある	US企業はプラスチック使用に厳格であり、一歩進んでいる状態だが、今後参入してくる中国・シンガポール系企業の取組は不明	すでに容器やストローについては再生紙に切り替え済み
代替品の脅威	健康志向により、抹茶人気が上昇中	USから、抹茶に特化したY社が来春参入予定であり、「健康のため」というコンセプトを掲げる様子	フォーカスは「環境」「農家」であるものの、顧客自身の健康については、今後重要な論点となってくる可能性が高いため要対応検討
サプライヤーの交渉力	気候変動による良質なコーヒー豆の奪い合いに	スーパー最大手のZ社が、アフリカでコーヒー豆農園の大型買収を実施。ただし、農家の賃金保証などは行っていない	自社農園にせずとも、農家への賃金保証や、ドネーションの仕組みなどを検討し、特定農家に限定しない支援体制を構築
買い手（顧客）の交渉力	環境や農家へのCSRについては、特にα世代の意識が高い	競合のX社は、「コーヒー豆はどこから来るの？」という勉強コンテンツをSNSで展開し、人気の様子	現時点で、α世代はコーヒーを好む年代ではないものの、今後の顧客育成、親世代の獲得（最近では子どもから環境問題を指摘される親も多いそう）を想定し、親子で楽しめるキャンペーンを企画

(2) バリューチェーン分析

バリューチェーン（価値連鎖） とは、企業がモノやサービスを企画、生産、販売、配送するために行う一連の活動の総称です。

業種によってバリューチェーンの概要は異なり、また同じ業界でもバリューチェーンによって他社との差別化が図られ、また全てのコストはバリューチェーン内の活動によって発生しています。

バリューチェーン分析 とは、このバリューチェーンの検証（≒ビジネスプロセスの検証）を通じて自社の強み、弱みを分析する手法です。

例えば、自社は「研究開発」には強いが、「製造」過程において競合よりもコストがかかっており、研究開発はただでさえコストがかかるため、さらに製品価格が高くなり、価格の面で負けているということがわかったとしたら、では、どうしていくのか、という論点に繋がるわけです。

バリューチェーンの例

ただ、実際のところ、なかなか競合他社のバリューチェーンの情報を取得することはできないため、有識者インタビュー（エキスパートインタビュー、例えば「●●業界にいた経験がある人にインタビューしたい」と依頼すると、適切な候補者を紹介してくれる会社が複数存在しています）なども活用しながら、検討していきます。

● ─── (3) 4P

アメリカのマーケティング学者マッカーシーが1960年に提唱した、いわば古典的なフレームワークで、自社と競合他社の製品・サービスを比較する際の視点の１つです。

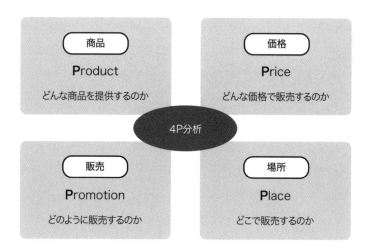

他にもたくさん「フレームワーク」と呼ばれるものはありますが、今挙げた3つが分かっていれば、「業界全体」「バリューチェーン全体」「商品・サービス」を、競合他社と比較できますので、「競合他社には提供できない」自社の価値を見出す際の視点については、いったん網羅できるのではないかと思います。

◉──── (4) クロスSWOT分析

　そして、ようやくSWOT分析です。これは有名ですので、ご存じの方も少なくないと思います。

> SWOT分析とは
> 　自社における「強み（Strengths）」と「弱み（Weaknesses）」、外部環境の「機会（Opportunities）」「脅威（Threats）」を明らかにして戦略の方向性の下地を検討する分析

　これを単体で使うのではなく、実際に活用するときは、クロスSWOT分析という形で用います。これまで分析してきた内容を掛け合わせて、取るべき戦略を検討していくのです。

コーヒーチェーンの例にあてはめますと、内部環境の「強み」は、「高い商品開発力」「AIを活用した高精度な需要予測によるロス削減」などです。外部環境の機会は、5forcesや6つの資本の顧客ニーズで書いたようなことです。

例えば、「コーヒー消費量の増加」などは機会、でしょうし、「抹茶人気」は脅威になりますね。

そして、基本的に「強み×機会」のセグメントにある戦略から実行していくのが定石です。

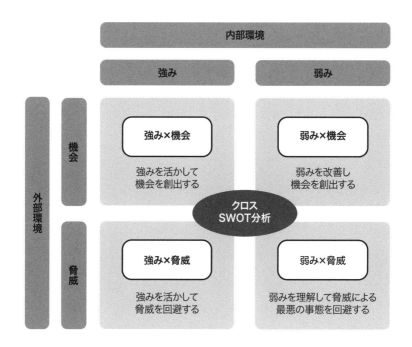

5 ビジデスモデルに落とし込む

さて、このようにして戦略が決まると、それを実行していくフェーズに入りますが、そのときに必要なのが、このビジネスモデルのフレームです。

ビジネスモデル検討のステップ

❶ あなたの顧客は誰か

ここが一番大切です。「あなたの顧客は誰なのか」ということです。これまでふわっと市場・顧客のニーズ、ということで考えてきましたが、これをもう一段実行に向けて具体化していくフェーズになります。

これまでのコーヒーチェーンの場合ですと、「サステナビリティへの意識が高い層」をより解像度を上げてターゲットとして設定します。

ペルソナを作成することも有効です。例えば「環境問題を考えだした大学生で、勉強や、友人との時間にカフェを利用する層」「15時〜18時が利用のボリュームゾーン」のような感じです。

Part2
社外取締役必携基本マニュアル

❷ 何を提供するのか

　顧客が決まったら、具体的に「何を」提供していくのかをもう一段階具体化します。例えば「少し値段が高くても、農家に対してきちんと対価を払ったコーヒー豆を使ったオリジナルブランドコーヒー」「容器や店内のファシリティにいたるまで全てリサイクル製品で提供する」とか、そういうことです。

❸ どうやって提供するのか

　そして、それをバリューチェーン上、どうやって実現するのかを考えていきます。どこから仕入れるのか、どのような店舗設計をするのか、どのような企業と提携するのか等、前述したバリューチェーンごとに検討するとともに、次のページで述べる「社内の仕組み」も検討します。

❹ どんなマネタイズモデルで

　最後に、どうやって利益を上げるのか、という視点です。単純に価格設定の場合もあるでしょうし、いやいやサブスクモデルにするんだ、とか、売り切りじゃなくてサービスフィーでもらうんだ、ということもあると思います。

　このあたりまで決まってくると、ビジネスの概観が見えてきます。

153

6 戦略実行のための社内の仕組み

　もう1つ、社外取締役として確認していただきたいのは、戦略を実行する社内の仕組みが適切かどうか、という視点です。

戦略を実行する社内の仕組み

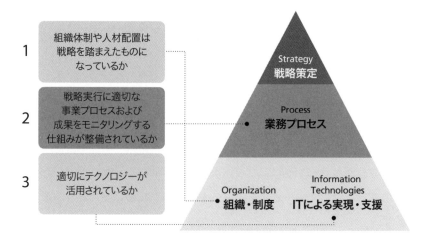

Part2
社外取締役必携基本マニュアル

　ここまでで記載したような戦略とそれを実行するモデルを実行していくにあたり、次の3つの視点から検討します。

❶ 組織体制や人材配置はそれを踏まえたものになっているのか
❷ 戦略実行に適切な事業プロセスおよび、その成果をモニタリングする仕組みが整備されているのか
❸ 適切にテクノロジーが活用されているのか

「**組織は戦略に従う**」という有名な言葉があります。例えば「ものづくり」を最重要としている企業が、ものづくりに従事する人員が手薄だったり、給与体系がコンペティティブなものではなかったりするとしたら、その組織は戦略に合致していないことになります。

　また、戦略実行に関して、きちんと**PDCAサイクルが整備されているか**、やりっぱなしになっていないか、目標達成がされなかった際に**原因を究明し、リカバリー施策を講じられる体制**ができているのかも重要なポイントです。
　次のページに、イメージを図で示しましたので、参照してください。

155

PDCAサイクル

経営や製造などにおいて「Plan（計画）」「Do（実行）」「Check（検証）」「Action（対策）」のプロセスを循環させ、品質を高める取り組み

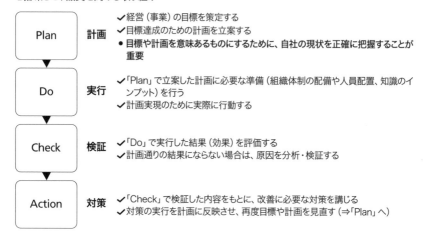

経営におけるPDCAサイクルの実行イメージ

PDCAサイクルを繰り返しながら事業の品質を高めてゴールに到達する

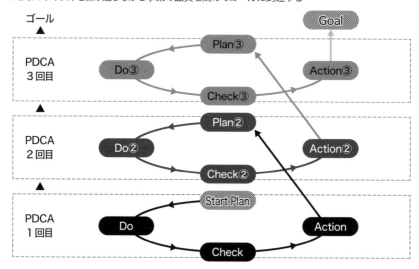

7 | テクノロジーの活用

そして、最後にテクノロジーの活用です。もちろん企業規模によりますが、現代においてテクノロジーを使わないビジネス（フロント業務でもバックオフィスでも）はあまりないのではないでしょうか？

特に、生成AIの登場によって、経営とテクノロジーの距離はより近くなりました。これまでは、テクノロジーといえば業務プロセスを効率化するもの（会計システムや、少し前であればRPAなどの自動化）であったのが、「考える」業務ですら、テクノロジーに置き換えることが可能になっているのです。

次のページの上のグラフは、企業が経営にどれくらいデジタルを活用できているのかの日米比較[27]ですが、日本はまだまだ不十分な状況だと言えましょう。

そして、同じく次のページの下のグラフが示すように、うまくデジタルを活用している企業は、そうでない企業に比べて、売上や利益率が高いという調査結果も出ています。

DX/デジタル経営の取組状況

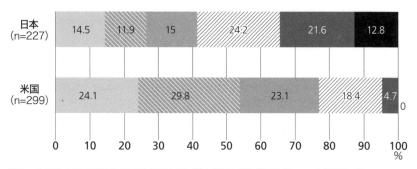

出所：一般社団法人 電子情報技術産業協会「日米企業のデジタル経営に関する調査結果について」(2024.3.06)

売上／営業利益が「10％以上増えた」日本企業の割合（3年前との比較）

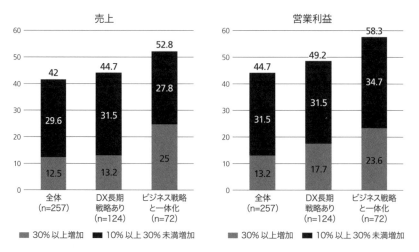

出所：一般社団法人 電子情報技術産業協会「日米企業のデジタル経営に関する調査結果について」(2024.3.06)

Part2
社外取締役必携基本マニュアル

　様々な専門性を持つ社外取締役の全員が、デジタルの専門家になれ、というわけではありません。ただ、最低限、「経営目線でのデジタル活用」は理解しておくべきです。

　では何を理解しておけばいいのか、と言いますと、例えば経済産業省が2018年に発表した「DXレポート」[28]は、テクノロジー業界の方々と話しても、芯を食ったことが記載されている、と評判でしたので、一読されることをお薦めします。

　本レポート内で指摘されている内容については、「自社ではどうなのか？」を理解し、質問できるようになっていたいものです。

DXにおいて自社について確認すべき点

	DX実現シナリオに記載されているポイント	確認ポイント
経営面	既存システムのブラックボックス状態を解消し、データをフルに活用した本格的なDXを実行	・現在のビジネス・モデルで、デジタルを活用することで、高度化できる余地はないか
	1）顧客、市場の変化に迅速・柔軟に対応しつつ、	・デジタルを活用することで、新たなビジネスモデルを検討できないか
	2）クラウド、モバイル、AI等のデジタル技術を、マイクロサービス、アジャイル等の手法で迅速に取り入れ、	・社内の業務プロセスを、デジタルを活用することで効率化・高度化できる可能性はないか
	3）素早く新たな製品、サービス、ビジネス・モデルを国際市場に展開	
IT予算	新たなデジタル技術の活用によりビジネス上投資効果の高い分野に資金をシフト	・現在のIT予算の配分は適切か（レガシーシステムのランニングコストに多大なコストがかかっていないか）
人材面	ユーザ企業のあらゆる事業部門で、デジタル技術を活用し、事業のデジタル化を実現できる人材を育成	・少なくともITベンダーと対話可能なレベルのデジタル人材は存在しているか
		・どこをベンダーに依頼し、どこを内製化するべきかの方針は決まっているのか

159

8 | サステナビリティ経営

　すでにステークホルダー資本主義や、6つの資本の項でも少し触れてきたように、昨今、「サステナビリティ」は経営と切っても切り離せない重要な要素になっています。

　例えば、ガソリン車からEV車へのシフト。これにより自動車メーカーやそれに関連する自動車産業全体は、戦略の変更を余儀なくされるでしょうし、例えば太陽光パネルを新規戸建て住宅に設置するなどの法律ができた場合、住宅メーカー、資材メーカーなどもこれまでの戦略から見直しが必要になるでしょう。

　このように、サステナビリティの動向・規制を理解しておくことは、自社の戦略を検討する際にとても重要なのです。

　また、欧州を中心に様々な規制が適用されています。

　主なものではサステナビリティ開示規制であるCSRD（Corporate Sustainability Reporting Directive：企業サステナビリティ報告指令）、EU域外からEU域内へ輸入される製品に対して、その生産過程で排出された炭素量に応じたコストを課すCBAM（Carbon Border Adjustment Mechanism）、企業が人権や環境に関するデューデリジェンス（DD＝企業や投資先の価値、リスクの調査）の実施や開示を義務付けるCSDDD（欧州サステナビリティ・デューデリジェンス指令）などです。

160 ｜ Chapter2 ｜ 企業戦略

これは欧州域外の企業にも適用されます。もちろん欧州だけでなく世界各国で同様の規制が存在しますので、「規制対応」という視点でも、基本的な事項は理解しておく必要があります。

規制対応で、かなりの金額の対応コストが発生するのはもちろんですが、これにより自社にリスクが発見された場合（例えば、サプライチェーンの川上で児童強制労働が発見された等）にどうするべきかも対応を検討する必要があります。

この数年で企業に大きな影響があるサステナビリティ関連の規制

主な規制	概要
CRSD	EUのサステナビリティ開示規制。EU子会社による対応が必要となることに加え、EU域内で一定規模以上の事業を展開している日本企業も連結ベースでの情報の開示が義務付けられる
CBAM	EU域外からEU域内へ輸入される製品に対して、その生産過程で排出された炭素量に応じたコストを課す。これにより、EU域外で製造するのか、域内で製造するのかによって課せられる税金が変わることから、サプライチェーンの見直しが必要になる可能性もある
CSDDD	人権尊重や環境問題に配慮した企業の事業活動を促進するために、バリューチェーンにおける人権・環境に係る課題を明確化する
SSBJ	サステナビリティに関する情報開示であり、企業の時価総額に応じて、2027年3月期から開示が義務化、翌年保証制度導入。つまり、これまでの有価証券報告書に対する監査と同様の情報開示が求められるようになる

もう一段本質的に言えば、そもそも環境や社会を犠牲にしないと成り立たないビジネスモデルからの脱却が求められている、ということです。

これまで経済的な発展を最優先にしたことで、CO_2の排出に伴う地球温暖化が進み、様々な生物が絶滅の危機を迎えました。人権問題でも、発展途上国での児童強制労働や、ハラスメント、格差の拡大など多くの課題を抱えています。

このような経済の仕組みから脱して、企業を取り巻く全てのステークホルダー「株主」「顧客」「従業員」「取引企業」「行政」「地域社会」「環境」にとって良い存在であるために、企業はどのように事業を行っていくのか、という視点で、ビジネスモデルを見直す必要があるのです。

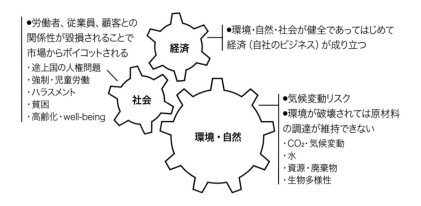

　自社のビジネスが、サステナビリティの実現に沿ったものか否かを検討する際に、「マテリアリティ」の視点が有効です。
　「マテリアリティ」とは、企業にとっての「重要課題」を指す言葉であり、ステークホルダーにとっての重要度が高い課題や、自社の事業活動と関連性の高い課題を抽出することが求められています[29]。

　繰り返しになりますが、重要なのは、これらのマテリアリティがきちんと自社のビジネスと連携しているか、という点です。まだまだ、サステナビリティ戦略とビジネスモデルや事業戦略が結び付いていない企業が多いのが現状です。

マテリアリティの特定のために：
企業／ステークホルダーにおける重要度の整理

重要度に関するヒアリング・分析
ベンチマーク調査および社会・業界ごとの重要課題・取組項目について、自社経営陣および自社を取り巻く他のステークホルダーに対するアンケートやヒアリングを実施し重要度を分析

マテリアリティの特定
分析の結果を通じて、自社にとってのリスクと機会／ステークホルダーにとってのリスクと機会双方の観点から定性的に整理し、マテリアリティ項目の素案を作成。素案を基にした優先順位付けおよびディスカッションにより、最終的なマテリアリティを特定

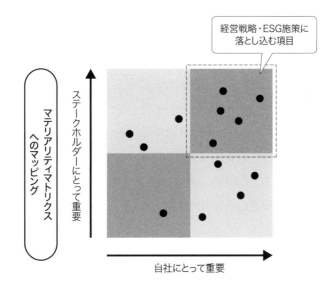

9 グローバル経営とは

　現代において、グローバルに事業を展開していない企業のほうが少ないのではないでしょうか？　当然戦略を立てる段階で、グローバルの視点で外部環境分析をしていることと思いますが、いくつか、社外取締役としてもチェックしておきたいポイントを記載しておきます。

　外部環境分析ではよく使われてきたPEST（Politics, Economics, Society, Technology）分析に、ステークホルダー資本主義の視点を組み合わせて検討したものです。

❶ 地政学リスクの高まり、経済安全保障
　様々な分断が強まる中で、サプライチェーンの分断のほか、有事の際のコンティンジェンシー（いかに被害を最小限に抑えるのか）プランの策定
❷ 急激な円安などの為替リスク
❸ 生成AIなど新しい技術に伴う法整備、リスク対応
❹ 環境・人権関連の規制対応

　さらに、グローバル経営では、戦略のみならず、グローバル人事や文化（すぐストライキが起こるとか…）、内部統制、アクティビスト対応についてもウォッチしておく必要性が高いのですが、それらについてはこの後のChapterをご確認いただければと思います。

164　│ Chapter2 │ 企業戦略

Part2
社外取締役必携基本マニュアル

グローバル経営における外部環境分析例

	政府	環境・地域社会	株主	取引先企業	消費者	労働者
Politics	・地政学リスクの高まり	EUを中心とした規制の増加	・法改正や政治動向に伴う要請事項の変化	・半導体に代表される経済安全保障を踏まえたサプライチェーンの強靭化	・各国の政治動向に伴う消費行動の変化（関税の影響など）	・人的資本経営の枠組みも踏まえた働き方への実現
Economy	・急激な為替変動への対応	・国境炭素税、税制優遇、グリーンボンド発行など ・自然環境の破壊による原材料の安定調達	・資本効率向上への要請	・社会的価値と経済的価値の両立を担保した取引先の選定	・インフレ（日本の場合はスタグフレーション）等、各国の経済動向を踏まえた価値提供	・各国の最低賃金、給与レンジ、物価を踏まえた給与設計
Social	・イデオロギーによる分断	・NPO/NGOからの要請 ・ESGに配慮した商品・サービスへの嗜好の変化	・ESG視点での投資審査基準厳格化	・環境や人権に配慮した取引先への切り替え	・少子高齢化や急激な都市化などに伴う価値観の変化 ・多様な文化背景に配慮した提供価値の設計	・強制労働など人権問題への対応 ・仕事に対する異なる価値観（日本の終身雇用や残業を前提とした就業形態ではない）
Technology	・生成AIを中心にした、新たなテクノロジーに関する規制やリスク対応の動向	・脱炭素関連技術（Climate Tech）への投資マネー流入	・テクノロジーを活用した効率化への要請	・GHG排出量のscope3把握などに端を発する、企業横断のデジタルサプライチェーンプラットフォームの出現	・生成AIなど、高度技術の民主化	・労働人口不足とテクノロジーを活用した効率化 ・リスキリングの必要性

165

10 │ 社外取締役として確認しておくべき ポイント

　本来、取締役会で議論するのは、中長期の戦略であるべきです。日々の細かいオペレーションを確認する場ではありません。その原則をしっかり理解した上で、中長期の戦略に関して、社外取締役として、留意すべきポイント、それを確認する「良い質問」のためのポイントを挙げておきます。

Part2
社外取締役必携基本マニュアル

[保存版] 企業戦略について確認すべきポイント

分類	質問例
Business Definition	・自社の事業を、どう定義しているのか（視点を変えれば、できることが変わるのではないか）
Value Proposition	・顧客や市場ニーズが高く、「自社だからこそ」提供できる価値とは何か
企業経営における6つの資本	・自社にとっての6つの資本を何だと考えているか ・財務資本 ・製造資本 ・知的資本 ・人的資本 ・社会関係資本 ・自然資本
戦略	・中長期の戦略として、「どのような外部環境の機会に対し」「自社のどのような強みを活かした」ものなのか ・その「強み」は、本当に強みといえるのか ・その市場の機会の根拠は何か ・自社としてヘッジしておくべき、大きなリスクはないか
ビジネスモデル	・ターゲット顧客は正しいか、この先どう変化していくのか ・この先5年を見据えた場合、このビジネスモデルはサステナブルか
社内の仕組み	・戦略を実行するのに最適な組織体制、人材配置か ・労働人口が減少する中、人材採用・育成計画はどうなっているか ・PDCAサイクルは機能しているか
デジタル活用	・デジタル活用の余地はないか
サステナビリティ	・自社のマテリアリティは何か ・サステナビリティとビジネスモデルは連動できているか
グローバル経営	・地政学リスク、経済安全保障、為替リスクなど、様々なリスク対応ができているか

注

27) https://home.jeita.or.jp/solution/report/file/240306-JPUSReportDL.pdf
28) https://www.meti.go.jp/shingikai/mono_info_service/digital_transformation/20180907_report.html
29) https://www2.deloitte.com/jp/ja/pages/risk/solutions/srr/materiality-analysis.html

財務／会計

社外取締役には、取締役会にて、企業の執行役を監督し、適切な意見・判断を行うという役割が期待されています。

　実際のところ、平時の取締役会における決議事項の大半は、ファイナンスに関するものであることが多く、「自分は会計・財務の専門家ではなく、別の分野の専門家であるから、会計や企業財務についてはわからない」という姿勢では、社外取締役として十分に活躍することは難しくなります。このため、少なくとも、最低限の会計・企業財務の知識は有していなければなりません。

　例えば、執行サイドから、大幅に借入金を増やして、あるいは、大幅な公募増資（株式発行）を行って、大型の設備投資、M&Aを行いたい、という議案が、取締役会に持ち込まれた場合に、社外取締役は取締役会において、監督サイドとして、議論し、適切な意見、判断を行う必要があります。

　本パートでは、社外取締役が、監督サイドとして十分な役割を果たすために有しておくべき会計・企業財務の知識について、解説していきます。

> Part 2
> 社外取締役必携基本マニュアル

1 | 会計について

◉──(1) そもそも、会計とは?

　企業では、毎日膨大な取引があることから、その取引を正確に記録し、集計する必要があります。取引を記録するために使われるのが「簿記」であり、その**簿記を一定の規則に従って集計、整理を行うことが「会計」**となります。

　会計には、財務会計（制度会計）と管理会計があり、財務会計は外部報告用、管理会計は内部管理用となります。各企業がバラバラの基準で、取引を集計、整理していたら、比較が難しくなってしまうことから、財務会計では、会計基準を設けて、それに従った処理が求められることになっているのです。

財務会計と管理会計の比較

財務会計	・外部報告用の会計処理
	・財務三表を会計基準に則って取りまとめ、開示
管理会計	・内部管理用の会計処理
	・決まったルールはないが、外部報告用の財務会計との整合性を確保

171

財務会計

　財務会計としては、**外部報告用**に、主に**財務三表（財務諸表）**と呼ばれるものを取りまとめて、開示します。
　具体的には、

❶ ある時点での状態を切り取った**貸借対照表**（Balance Sheet｜BS）、
❷ ある期間での儲けを示す**損益計算書**（Profit&Loss Statement｜PL）、
❸ ある期間での現預金の出入りを示す**キャッシュ・フロー計算書**（Cash Flow Statement）

となります。
　各企業が同じ会計基準に沿った財務諸表を開示することで、ステークホルダーはそれをもとに、企業の横比較や分析が可能となります。

管理会計

　管理会計は、**内部管理目的**（予実・原価管理、経営財務分析、資金繰り分析）で行われる会計処理を指します。
　財務会計と異なり、内部管理目的に合う形であれば、**形式は問いません**が、外部報告用の財務会計との整合性を確保することが重要となります。

Part2
社外取締役必携基本マニュアル

◉──── (2) 予算・決算サイクル

　外部のステークホルダーは、企業の成績表である財務諸表を見て、投資等の判断を行うことから、企業は、外部報告として、実績を報告しますが、あくまで、報告財務諸表は、これまでの成績表であり、これから将来のことを示すものではありません。

　そのため、企業は、これまでの成績表である財務諸表に加え、中期経営計画や、来期業績予想などを開示することがあります。日本でも、中期経営計画、来期業績予想を開示することが多くなっています。

　中期経営計画の進捗状況や、来期業績予想に対する進捗状況、また来期業績予想の変更の有無などの状況は、外部報告の観点からも重要となるため、内部管理は管理会計の領域となる一方、外部報告の観点からも、業績管理のPDCAサイクル（予算立案、執行、業績モニタリング、改善施策）が重要になってきます。

■1 予算立案

　年度末決算（日本企業は3月末が多い）の発表に合わせ、来期業績予想を開示することが多く、また年度の業績予想に対する進捗状況も見えていることが多いため、第4四半期の期間は、次年度の予算立案の期間となっていることが多くなります。

　3年程度の中期経営計画を開示している企業においては、年間を通じて中期経営計画を検討し、年度末決算に合わせて、次年度の業績予想とともに、数値を開示していくことになります。

173

2 執行

　企業は長期的なビジョンに沿って、中期経営計画を作成し、前年度に立案した予算に合わせて、年間の経営を進めていきます。当期に達成しなければならない事項を予算内でどのように進めていくか、年間を通して検討し続ける必要があります。

　ステークホルダーに宣言した計画や業績予想に反してしまっては、投資家からの信頼は薄くなり、結果的に企業にとって大きなダメージとなります。したがって、予算立案フェーズで適切な計画を立て、また、この執行フェーズで投資家に示した計画を達成できるように経営を進めていくことが重要になります。

3 業績モニタリング

　前年度に立てた計画や目標を達成できているか、定期的にモニタリングすることも重要です。業績のモニタリング結果は、企業の内部管理目的で分析されるのみでなく、一定のルールのもと外部へも開示する必要があり、これをもとにステークホルダーも定期的にモニタリングを行うことが可能になります。

　日本の上場企業は、四半期での決算開示が求められており、外部報告としては、四半期ごとに業績モニタリングの状況を、主に決算短信と呼ばれるものとして取りまとめ、開示するのが一般的です。

　企業内での分析としては、タイムリーに状況を把握する必要があることから、四半期ごとではなく、月次、また、内容によっては、週次や日次でモニタリングする項目もあります。

174 ｜Chapter3｜財務／会計

Part2
社外取締役必携基本マニュアル

4 改善施策

　業績のモニタリング結果をもとに、企業は計画の通りに進んでいない項目に対して改善施策を立案し、これを実行します。達成できていない点については、企業内で定期的に改善を行うと同時に、有価証券報告書や決算短信等を通じて、外部へも立案した改善施策を発信していく必要があります。投資家の不安を払しょくするためです。

　上記4点をまとめると、企業にとっての予算・決算サイクルは、前年度に立てた来期業績予想と、中期経営計画に則った経営を、年間を通して進めていくことが主であるとわかります。また、このために定期的に業績のモニタリングと、これに対する改善施策の立案を行い、適宜軌道修正と、ステークホルダーへの報告を行っているわけです。

企業の予算・決算サイクル

❶ 予算立案
- 年度末決算に合わせ、来期業績予想を公開
- 中期経営計画・来期業績予想をもとに、翌期の予算を決定し開示

❷ 執行
- ステークホルダーに宣言した中期経営計画や今年度の業績計画・予算等をもとに、年間の経営を進める

❹ 改善施策
- 業績モニタリング結果をもとに課題を特定し、改善施策を立案
- 改善案を、翌期の計画等に反映させる

❸ 改善施策
- 計画や目標を達成できているかのモニタリング

175

●───(3) 業績指標、財務分析

■ 外部報告にあたってのKPI（Key Performance Indicator）

① PL（損益計算書）で売上高とその成長率、営業利益と利益率を確認する

　企業は、持続的な成長を達成し、持続的な事業運営を行うために、継続的に利益を計上することが大切です。そのため、財務分析において、売上高や、本業での儲けを示す営業利益などの重要な業績指標が載っている**PL（損益計算書）**は必須となります。

　さらに、持続的な成長を示すという点では、**売上高においては成長率**が、**営業利益においては営業利益率**が重要です。ある期間で、どれほど売上が伸長しているのか、また、売上の何割が営業利益として計上されているのかは、企業の持続性を表す重要な指標であり、ステークホルダーはこれをもとに財務分析を行っています。

② キャッシュ・フロー計算書で、各年度の現金の流れを見る

　また、企業にとって、利益だけではなく、**適切にキャッシュを生み出せているかも、重要**です。よって、**キャッシュ・フロー計算書**も大切な役割を果たしています。

　ステークホルダーは、キャッシュ・フロー計算書を確認することで、**企業がどのように資金を調達し、それを何に投資し、営業活動からどれほどのキャッシュを得ているのか**を知ります。つまり、各年度の現金の流れを一目で理解することができるのです。

176　│Chapter3│財務／会計

③ BS（貸借対照表）で、企業の安全性を見る

対して、**BS（貸借対照表）**は期末の一時点を切り取ったものであり、各年度の**期末時点での財政状態**を表すものです。**企業の安全性を確認する**ということで、**現金・預金の水準や、借入の比率などを確認**することが可能です。

業績指標は、額だけでなく、率にすることで、**他社比較が容易**になります。額だけでは、企業によって規模が大きく異なり、適切な比較となっていない場合が十分に考えられるからです。

また、継続性という観点からは、**時系列比較**ができるようにすることも重要であるといえます。大きな売上・利益を出している企業であっても、何らかの理由による一過性のものであれば、信用できる数値とはいえないでしょう。時系列で比較することで、その企業が、継続的に成長しているのか、継続的に安定した利益を出せているのか、判断することができます。

④ 外部報告のＫＰＩは、比較可能性と持続的成長を示す

ここまでをまとめると、外部報告にあたってのKPIでは、**比較可能性と、成長などを持続的に示すことができる**という点が、重要になってくるのです。

上場企業が報告している決算短信や有価証券報告書は膨大なページとなっていますが、上記の観点で、分析することが大切です。また、企業が独自に公表している決算説明資料のほうが簡潔にまとまっており、企業の状況を理解する上では参考になるとも考えられます。

❷ 内部管理に当たってのKPI

　内部管理では、外部開示よりもさらに細かい単位で検討する必要があります。単純に売上や営業利益の数値の増減を見るのではなく、その売上は何の要因で増減したのか、利益率が低い理由は何かなど、より細かい単位にまで分解して、**最も影響を与える指標を、KPIとして設定**します。

　例えば、売上が減少している理由として、前年より単価は上げたが顧客数が減っている場合、顧客数が減少した要因は、単価を上げたからであるのか、それともそれ以外の要因であるのか、それ以外の要因である場合、その理由は、といったように、どんどん**要素を深掘りし、検討**するのです。

　KPIを設定する際は、**自社の状態をいち早く察知し、改善施策が打てるようにする**ことが重要で、その指標は企業や業界によって異なります。

❸ 独自あるいは業界特有のKPI

　KPIは、独自の指標や、業界特有の指標を用いて表すこともあります。

　例えば、ホテル業であれば、RevPAR（Revenue Per Available Rooms）という指標があります。これは、客室に対しての売上高のことを指しており、客室の単価と、客室の稼働率を掛け合わせることで、求めることができます。

　このように、KPIは財務三表だけでなく、業界特有だがその業界に属する企業にとっては、重要な指標が選択される場合もあります。これは、売上や営業利益といった指標で大括りにされているものではわからない、現在の状況をより表すものや、今後の推移を占うにあたり先行指標となるものが使われることになります。業界等を踏まえた指標を理解し、分析を行うことも必要となります。

178 ｜ Chapter3 ｜ 財務／会計

Part2
社外取締役必携基本マニュアル

2 企業財務について

◉―――(1) そもそも、企業財務（コーポレートファイナンス）とは?

　なぜ、そもそも、企業は決算を行って、外部ステークホルダーに成績表を開示し、業績向上を考える必要があるのでしょうか。

　それは、企業とは何かということになりますが、資金を調達し、事業を通じて運用して、利益を生み、資金提供者に還元するのが企業という組織だからです。**資金提供者に対して、自社の成績表を開示することが重要に**なっているわけです。

　事業のアイデアがあるだけでは、必ずしも事業をすることができず、資金や仲間が必要です。**企業活動とは、つまるところ、どのように資金を調達するのか、そして、どのように資金を運用するのか**ということになり、それが**企業財務（コーポレートファイナンス）**です。

179

◉───(2) 資金の調達：有利子負債か株式発行か

まずは、「どのように資金を調達するのか」という点についてですが、資金調達には代表的な2つの手段、「有利子負債」と「株式発行」があります。それぞれ、資金を獲得するための方法という意味では同じですが、右の表に示すように、内容や形態は大きく異なっています。

■ 有利子負債

有利子負債とは、銀行借入や社債発行などによって、資金調達を行う方法のことを指します。これらは、返済や金利支払いが必要となり、有限期間となっていることが一般的です。

銀行借入や社債の元本返済や金利支払いは、株式に優先するため、資金の貸し手から見ると、株式に比べ、リスクが低いといえます。

一方、返済は元本までであり、金利も契約で上限が決まっていることから、資金の貸し手からすると、契約条件で決められた元本と金利を上回る金額を受け取ることはできず、業績拡大時により多くのものを受け取ることはできません。反対に、資金の借り手からすると、支払金額の上限が決まっていると考えることができます。

よって、有利子負債を調達コストの側面から考えると、**金利コストがそのまま調達コストに該当**します。金利の市場環境、また、貸し手の状況（信頼を持てるかどうかなど）に応じて、金利コストは増減します。

180 ｜ Chapter3 ｜ 財務／会計

有利子負債と株式発行の違い

	有利子負債	株式発行
方法	銀行借入や社債発行など	株式の発行
返済の必要性	有	無
調達期限	有限	無限
調達コスト	低	高
議決権	無	有

　また、**有利子負債には、議決権がありません。**いくら資金を貸そうとも、貸し手側に、借り手側の企業の経営に対する決定権などはないため、その意味では、調達した資金による貸し手の経営関与は限定的となります。

２ 株式発行

　株式発行とは、その名の通り株式を発行することにより、資金調達を行う方法のことを指します。株式発行は、返済等が不要であり、無期限で調達することが可能です。また、株式を発行しても、株主に対して配当金を必ずしも支払う必要はなく、発生した利益に応じて支払うことが多くなっています。

　では、株主資本コスト（株式の調達コスト）は、配当金のみであり、無期限であることから、金利コストを支払わなければならない有利子負債よりも低いといえるのでしょうか。

答えは、NOで、ここが非常に重要な点です。株式は、有利子負債より
も返済される順番が劣後し、いざというときにはゼロになってしまう可能
性があり、**資金の出し手からすると、高リスクである**といえるため、**株主
資本コストは、有利子負債の調達コストよりも高い**と考えるべきです。

　株主資本コストは、投資家が参加する株式市場で**株式発行体に期待する
リターン**とイコールであり、したがって、金利コストのように契約条件で
明確に定められるわけではなく、金利コストより高くなる点を理解してお
く必要があります。

　また、株式には、議決権があります。株主総会において、株式の持ち分
比率によって決定権などを株主が持つため、彼らの意見を反映させながら
企業を経営していく必要があります。調達した資金の運用に対して、企業
のオーナーとして出し手が意見することができるという点は、有利子負債
とは異なった性質と言えます。

182　│Chapter3│財務／会計

◉───(3) 資金の運用

「どのように資金を運用するのか」という点については、なによりも**調達コストを上回るリターンを出す**ということが最優先となります。

　もう少し丁寧に言えば、企業を、資金調達をして、資金を運用して、儲けを出す存在として考えると、資金調達のコストを上回る運用リターンが必要であり、それがないと、企業として永続しないということになります。

　そのため、資金調達のコストを上回る運用リターンが見込まれる先に、投資を行い、リターンを得る必要があります。その点からすると、事業投資も、M&A（Merger＆Acquisition、企業買収）も基本的な考え方は同じであり、**資金調達コストを上回るリターンを上げられるのかどうか**が、ポイントになります。

■ 投資基準

　資金運用を考えるにあたっては、どのような投資対象に資金を投じるのか、投資基準という考え方が必要になります。

　投資対象は、

　①中長期戦略に合致したものか、
　②投下した資金はいつまでにどれくらい回収できる見込みなのか、

という点が主な検討ポイントになります。

前者については、企業として中長期で目指している姿に近づくために、どのような要素が不足しているのかという観点で投資基準を設け、本当に必要な投資であるのかを比較・検討する必要があります。

後者については、投下した資金に対するリターンが、回収までに時間がかかっても高いほうがよいのか、早急なリターンを求めるのか、基準を設け、比較・検討する必要があります。

また、投資基準には、回収基準をもとに検討する場合もあります。

回収に対する分析として一般的な手法の１つが、**正味現在価値（Net Present Value、NPV）法**です。

正味現在価値は、**将来得られるキャッシュ・フローを現在価値に直すための割引率を求め、キャッシュ・フローを割り引いて合計し、将来のキャッシュ・フローの現在価値合計を求め、投資額を引いた値（NPV）を求め分析する**という手法です。

将来期間において投資分を回収できないリスクについて、割引計算を通じて反映する必要があり、したがって**割引率とは、負債コスト・株主資本コストによって計算される調達コストに一致する**ことになります。

NPVが正であれば、投資が差額分の収益を生むといえ、反対にNPVが負であれば、投資しないほうがよいといえます。

ほかにも、回収できる率を用いて分析する場合もありますが、理論的には回収できる率がよいというよりも、回収できる金額を最大化することが重要です。

ただ、投下できる資金には制約があるため、投資基準は、適切な優先順位を立て、それをもとに何を重視するのか検討した上で設定する必要があります。

投資を行う際に必ず注意しなければならないことは、投下した資金を上回るリターンを得られるかという点ですが、リターンは将来に関する事項であり、不確実性があります。

また、例えば、広告を出す場合、投資対効果はどれくらい出るのか、などは、効果の定量化が必ずしもできるとは言えない部分があるため、**どのような形で、投資対効果の分析が行われているのか**、確認の上、十分な検討を行うことが必要です。

また、昨今では**無形資産に対して投資を行う**ケースも増加しています。無形資産への投資としては、研究開発費用や、顧客開拓費用、ブランドマーケティング費用などが考えられますが、必ずしも、投資した金額が資産として計上されるわけではなく、そのまま費用に分類されることが多くなります。

結果として、これまでに投資した金額、また投資した効果が資産として、計上されておらず、無形資産投資を行い、無形資産を多く有していたとしても、必ずしも、BSの資産には、企業が本来持っている価値が十分に反映されていないということが起こりうるため、企業への投資を考える場合には、**これまでに獲得してきた無形資産の価値に着目する**ことも重要となります。

2 企業単位での運用状況

　企業は、単一の資産で事業を行っているわけではなく、有機的一体となった事業を行っています。よって、BSの資産は全てが運用資産として考えられ、また投資による利益も、全てが一体となった企業全体としての利益であるといえます。

　これを踏まえると、企業全体として資金を調達し、調達した資金を企業全体として運用し、企業単位で、投下した資金よりもリターンが上回っているという状態を目指さなければなりません。

　ある部署の、ある事業に対する投資は、あくまで企業ポートフォリオの一部であるということを理解する必要があります。

　では、部署や企業内のセグメントごとに投資を検討する必要はないのでしょうか？　もちろん、細分化された個別の単位でも投資に対して検討を深める必要があります。

　前提として、すでに投資した資産や事業に対する分析は、担当している部署やセグメントで行う必要がありますし、改善施策を立案するところまで行う必要があります。企業単位での黒字を目指すのであれば、当然ですが、部署ごとに黒字を目指す必要があり、部署単位で黒字を目指すのであれば、より細分化された単位でも、黒字を目指す必要があります。

　資金調達を行って、資金を運用していると考えると、**黒字であるということをもって、良し、とすることは不十分であり、資金調達コストを上回る資金の運用ができていることが必要であり、部署単位でも、それを徹底**していく必要があるのです。

186　│ Chapter3 │ 財務／会計

Part2
社外取締役必携基本マニュアル

◉─── (4) 資金調達の割合・財務規律

　ここまで、資金調達とその運用について説明してきましたが、では、**理想的な有利子負債と株式発行の資金調達の割合**はどれくらいだと思いますか？

　「そんな割合は存在しない」というのが答えですが、より丁寧に言えば、**「企業ごとに理想的な割合は異なっている」**というのが答えです。

　資金調達の割合は特に決まっておらず、正解があるわけでもないため、企業ごとに自社の状況やリスクを分析・検討し、決定する必要があります。

　そもそも前提として、資金調達の難しさは、事業内容や、事業ステージにより異なります。想像しやすいのは、安定して何年も事業を営んでいる企業に資金を貸すのと、できて間もないスタートアップに資金を貸すのでは、貸す際のハードルが大きく異なっています。

　また、当然ですが安定している事業を営む企業や、担保になりうる資産がある企業であれば、資金調達を受けるハードルは低く、銀行からお金を借りられる金額は大きくなります。

　一方、業績のぶれが大きい事業を営んでいる企業や業界、担保となりうる資産を保有していない企業などは、貸し手である銀行から見ても、資金回収にリスクが想定され、資金調達を受けるハードルが高いため、BS上で負債が少ない傾向にあります。

　以上より、理想的な資金調達の割合とは、企業ごとに分析した結果、最も資金調達と資金運用のバランスがとれており、継続的に利益を出すことができる割合であり、繰り返している通り、この割合は企業ごとに異なっているといえるため、各社で分析を行う必要があります。

187

そんな中で、注意しなければならないことは、近年は、事業運営上、ブランドや技術、ノウハウなどの無形資産がますます重要となっており、担保価値があり、目に見える有形資産である大きな設備や工場などが必要なくなりつつあるということです。自社の資産をきちんと分析した上で、最適な資本構成の検討を行い、資金調達を行っていく必要があります。

◉─── (5) 現預金の取り扱い

　前提として、現預金は運用資産の一部であり、上記適切な投資基準のもとであれば、可能な限り投資に回すことで、リターンを得ることができます。

　よって、手元現預金を必要以上に留めておくことは、投資機会の損失であり、本来得られたはずのリターンが得られなくなってしまうことを意味します。

　一方、手元の現預金全てを投資にまわすと、なんらかの内部・外部要因から、現預金が全て尽きてしまう可能性があります。このような事態に備え、一定の手元現預金（必要最低限預金）を確保しなければなりません。どれくらい手元現預金を抱えておくかも財務戦略であり、もしものときに企業としての活動が止まらない程度の現預金は確保しておく必要があります。

column | 2
「日本企業はROEが低い」問題

　日本企業は他国と比べてROE（Return on Equity）が低いといわれます。ROEは、純利益を株主資本で割ったとして計算され、株主資本でどれだけ利益を計上しているかを意味し、株主にとっての利益として、株主が重視する指標となります。

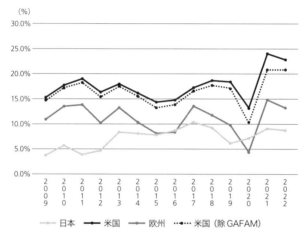

出所：経済産業省「持続的な企業価値向上に関する懇親会　参考資料②」（2024年5月）

　実際に他国と比較したものは上の通りです。
　要因については、株主資本と利益の両面から考える必要があります。

　株主資本が過大である可能性が考えられますが、これは、バブル崩壊後の銀行の貸し渋り、また、デフレ経済が続いたことが影響しており、リスク回避的な傾向で、調達した資金を運用にまわさず、リターンが少ない現預金として持っておくという傾向が、一般的な日本企業に根付いていると考えられます。

利益面では、収益性が必ずしも高くない事業が温存され、収益性の高い事業に集中できていないことが要因と考えられます。

　収益性が高い事業に集中できるように事業ポートフォリオを見直し、適切なレバレッジをかける形で、株主資本をおさえ、効率的な事業運営を行うことが求められているといえましょう。

Part2
社外取締役必携基本マニュアル

3 攻めの財務戦略

◉───(1) 企業価値評価と攻めの財務戦略としてのM&A

　ここでは、特に企業投資、すなわちM＆Aに対する財務戦略について説明していきます。

　投資する対象は、なにも工場などの固定資産や、ノウハウなどの無形資産に限定する必要はなく、より大きな単位で、他企業でもよいのです。

　個別の資産に対する投資よりも一般的に金額が大きくなり、資金調達を必要とすることが多いため、攻めの財務戦略であるといえますが、自社にとって課題であったり、不足しているパーツを補ってくれたりするような、投資によってシナジーを見込むことができる企業であれば、投資する価値は大いにあるでしょう。

　一方で、企業は様々な要素が一体となったものであるため、価値の評価が難しいという課題があります。

　企業の価値を評価する手法は、大きく分けて3パターンが存在し、その中でも様々なものが存在します。以下、3パターンの企業価値評価手法の概要と、そのうちのインカムアプローチ、マーケットアプローチに関しては、それぞれ代表的な手法についても解説します。

191

1 インカムアプローチ

インカムアプローチとは、**評価対象の事業や企業から期待される、利益またはキャッシュ・フローに基づいて価値を評価する**アプローチのことです。

インカムアプローチにおいて、実務上最も代表的な手法は**DCF法**（Discounted Cashflow）であり、これは、評価対象の事業や企業が**将来創出すると期待されるキャッシュ・フローを現在価値に割り引いて、事業価値・株式価値を求める方法**です。

評価対象の事業や企業が、もし買収されなかった場合どのくらいのキャッシュ・フローを生み出すのかをもとに、将来のキャッシュ・フローを現在価値に直した値の合計額を求めることで、その事業や企業が大体どれくらいの価値を持っているか求めることができるのです。

2 マーケットアプローチ

マーケットアプローチとは、市場での取引価格、もしくは評価対象の事業や企業と**類似する上場会社や類似取引と比較する**ことで、相対的な価値を評価するアプローチのことです。

マーケットアプローチにおいて、実務上最も代表的な手法は**類似会社比較法**であり、これは、上場類似会社の時価総額ないしは事業価値を、財務数値で除して得られる倍率を基に、評価対象の企業や事業の事業価値・株式価値を求める方法です。

実際の上場類似企業の値を用いて価値を求める分、その上場企業が、評価対象の企業や事業と本当に類似しているのかという点を、深く検討する必要があります。

3 コストアプローチ

コストアプローチとは、評価対象の企業や事業の**BS記載の純資産に着**
目して評価するアプローチです。実際に評価したい企業や事業の純資産を
基にするため、投資を行い、合併をすることで得られる目に見えないシナ
ジー等を評価に反映させにくいというデメリットがあります。

◉───(2) 投資価値評価におけるキャッシュ・フローの意義

将来期待を反映するという点では、将来期待されるキャッシュ・フロー
を反映する、あるいは、同種の企業や取引をもとにして、いくらで取引さ
れるのかをもとに分析する**インカムアプローチ、マーケットアプローチを**
用いることが一般的です。

もし投資をしたい企業や事業が見つかった場合、特に、インカムアプロー
チ、マーケットアプローチを用いて、まずは大まかな金額を自社内で計
算してみるべきでしょう。そのうえで、リターンが本当に期待できるのか、
本当にシナジーを創出することができるのか、など、しっかりと分析をし
たうえで、財務戦略を立てていく必要があります。

ところで、損益計算書という形で、PLで、損益が計算されているにも
かかわらず、キャッシュ・フローが評価に使用されているのは、なぜでし
ょうか。

歴史的には、元々、現金の出し入れを表す現金主義という形で、会計は
スタートしました。家計簿も、多くの場合、現金の出し入れに着目してつ
けているかと思います。

しかし、企業として大きくなるにつれ、経営実態を財務諸表に適切に反映するため、損益に着目することが、現在の会計においては一般的です。

キャッシュ・フロー（現金主義）と損益（発生主義）の違いについて具体的に説明します。

現金主義においては、現金や預金の入出金の事実があってはじめて取引として記録されます。したがって、サービスの対価を授受または支払ったタイミングと、サービスの提供が実際に行われたタイミングの間にタイムラグが生じます。

これでは、会計が企業の経営実態を適切に反映しているとは言えません。そこで発生主義に基づき、このようなタイムラグを調整する必要があります。発生主義とは、金銭のやり取りがなくともサービスの提供があった時点で取引として記録されます。

一方、**損益をベースとする会計と異なり、投資価値の評価においてはキャッシュ・フローがベースとなります。**なぜなら、投資家へのリターンの原資となるのはキャッシュであるからです。

よって価値評価においては、損益ベースの事業計画をベースとして調整を行い、キャッシュ・フローを分析します。

Part2
社外取締役必携基本マニュアル

---

4 企業価値向上のために

　財務戦略において重要なことは、自社の価値をいかに向上していくのかという点です。これは、どのような戦略をとって、キャッシュ・フローを継続的に生み出し、企業としての価値を高めていくのか、ということであり、それへの期待が持てる会社の価値は、高く評価されます。自社に合った財務戦略を策定することで、この期待感を、投資家や社員を含むステークホルダーに醸成させ、その上で企業として稼ぐ力を向上させていくことが望まれます。

---

column | 3

最近のトレンドとしてサステナビリティ投資とは？

　近年、財務諸表等の定量データのみではなく、投資しようとしている対象が、どれほどの持続可能性を有しているか、という点に着目する「サステナビリティ投資」がトレンドとなりつつあります。事業の持続可能性を高めることで、より長期的にリターンを得ることが可能です。

　上記を踏まえ、事業ポートフォリオの転換を意識する必要があります。今後縮小していくビジネスに投資を行うことは価値が薄く、資本調達コストを上回らない事業からは撤退し、事業ポートフォリオを定期的に見直す必要があるでしょう。

195

5 | 社外取締役に求められること

　社外取締役には、ここまで説明してきた**会計・財務の知識を活用し、企業の財務体質、事業ポートフォリオが健全であるかを監督することで、企業価値向上に資する**ことが求められます。

　まず、理想的な有利子負債と株式発行の資金調達の割合は企業によって異なることを説明しました。社外取締役に期待されるのは、

❶ 取締役会において**大型の設備投資やM&Aなど大きな資金調達を要する議案が持ち込まれた際、自社の状況やリスクを踏まえ適切な資金調達の方法を検討する**ことです。

❷ その上で、調達コストは低いが返済の必要がある借り入れをどこまで許容できるか、つまり**許容できる財務レバレッジの水準について意見を提示する**ことが求められます。議案に経営戦略との整合性がない場合、投資そのものの妥当性について検討しなければいけません。

❸ 投資機会の損失を防ぎつつ、事業環境が悪化したとしても、事業を継続でき借入の返済ができるだけの**十分な現預金を企業は確保できているか、つまり手元流動性について、社外取締役は監督する必要**があります。

196　│ Chapter3 │ 財務／会計

Part2
社外取締役必携基本マニュアル

❹ また、正味現在価値法を用いて調達コストを割り引いたキャッシュ・フローと投資額を比較し、投資の妥当性を検証できることから、既存の事業についても、事業が調達コストに見合ったキャッシュ・フローを生み出せているか、つまり**資本効率について検証する**ことが社外取締役に求められます。

❺ その上で、撤退すべき事業について社外取締役は、意見を提示し、事業ポートフォリオの適正化に資する必要があります。

198

Chapter
4

人材マネジメント

1 │ 人材マネジメントとは何か?

◉────(1) 人的資本経営への注目

　2020年9月に人材版伊藤レポートが公表されて以降、企業経営における
「ヒト」の在り方や、人材の活かし方に注目が集まっています。さらに、
2022年8月に「人的資本可視化指針」が内閣官房から公表されたり、2023
年1月に有価証券報告書における人的資本に関する開示項目の追加[30]が施
行されるなど、上場会社を中心に「**人的資本経営**」がトレンドワードにな
っています。

　人的資本経営とは、従業員が個々に持つスキル、能力、資質や、それら
の集合体としての組織ケイパビリティ、組織風土、社風などを、自社の成
長や企業価値の向上に有効に活かしていくことであり、**取締役、または取
締役会は人的資本経営を主導していくこと**が求められています。

　人的資本を経営に有効活用していくためには、それらを管理する仕組
み・ルールや、それらを活用するための**具体的な実行計画、施策が経営戦
略等と連動し、経営戦略の実現に資する内容になっていること**が重要です。

200 │ Chapter4 │ 人材マネジメント

Part2
社外取締役必携基本マニュアル

有価証券報告書における人的資本に関する開示事項（追加項目）

記載箇所			記載内容
第一部 【企業情報】	第1 【企業の概況】	5 【従業員の状況】	（これまでの記載に加えて） ・提出会社および連結子会社それぞれにおける管理職に占める女性労働者の割合 ・提出会社および連結子会社それぞれにおける男性労働者の育児休業取得率 ・提出会社および連結子会社それぞれにおける労働者の男女の賃金差異
	第2 【事業の状況】	2 【サステナビリティに関する考え方や取り組み】	（新設） ・連結会社のサステナビリティに関する考え方および取組の状況について、次の通り記載 ・ガバナンスおよびリスク管理 ・戦略、指標および目標 ・人的資本（人材の多様性を含む）に関する戦略、指標および目標 　・人材の多様性の確保を含む人材の育成に関する方針・戦略、指標の内容、当該指標を用いた目標、実績 　・社内環境整備に関する方針（例えば、人材の採用および維持並びに従業員の安全および健康に関する方針等）・戦略、指標の内容、当該指標を用いた目標、実績

出所：金融庁_報道発表資料「『企業内容等の開示に関する内閣府令』等の改定案の公表について」（2022/11/7）別紙

◉───(2) 人材マネジメントの全体像

　「ヒト」を個人およびその集合体である組織として経営に活かしていくためには、企業は戦略的な人材マネジメントを実行していくことが肝要です。

　企業経営において「ヒト」とは、経営戦略を実現するためのリソースの1つです。したがって、従業員の雇用形態や労働条件、採用から退職までの一連の制度や運用などは、経営戦略に資するものでなければ意味がありません。
　しかしながら「ヒト」に関する施策は、時流に合わせて見直すことができない、または短期間で変更することがふさわしくないものでもあります。したがって、人材マネジメントは、足元の経営戦略や事業計画を踏まえつつ、中長期的な社会や経済の流れ、自社の方向性などの観点も踏まえて検討し、施策を立てることが重要なポイントとなります。

　なお、人材マネジメントの領域や具体的な施策範囲には様々な整理や定義がありますが、本書においては、右の図にもある次の項目の整理として、用いられている用語の定義と具体的な監督ポイントを説明します。

❶ 人材戦略
❷ タレントマネジメント施策
❸ インセンティブ施策

人材マネジメントの全体像

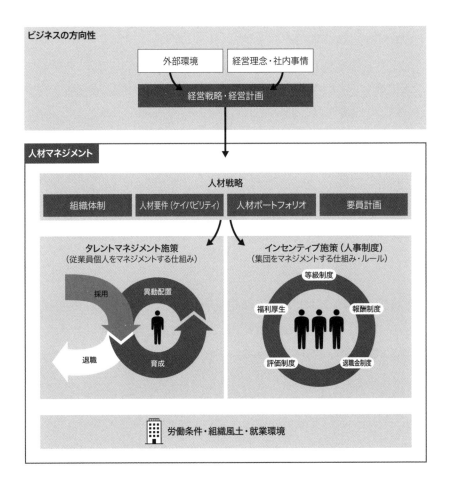

◼️1 人材戦略

　組織体制とは、「共通目的を持ち、相互に情報共有や意思疎通を行うことで、貢献意欲を醸成している集団」をいいます。経営戦略等に応じて、目標達成に適した枠組みとします。

　人材要件（ケイパビリティ）とは、経営戦略等の達成に必要な人材像（経験、スキル、能力、行動特性、志向など）を定義したもので、採用や育成の基本方針となります。

　人材ポートフォリオとは、組織内の人材を雇用属性や人材要件（ケイパビリティ）の要素などでグルーピングし分析した人材構成図です。どのような要素で分類するのかは、企業の現状や事業戦略の内容、または人材ポートフォリオの活用方法によって異なります。

　要員計画とは、採用計画や退職者数予測を踏まえた中長期的な人員数を見積もったものです。単純な合計人数だけでなく、人材ポートフォリオの分類ごとに整理・作成することで、個別施策に繋げることができます。

◼️2 タレントマネジメント施策

　採用とは、人材要件に合致した人材を社外から獲得するための活動です。
　育成とは、人材要件に合致した人材を社内で獲得するための活動です。
　異動配置とは、従業員を組織体制の中の異なるポジションに移す（ポジションを変更させる）ことです。組織内での立場は変わらず他の業務・職務に異動することや、組織内でより大きな職責を担わせたり（昇格・昇進

等）またはその逆を行うことも含まれます。採用・育成・異動配置を組み合わせ、要員計画を実現していきます。

3 インセンティブ施策（人事制度）

等級制度とは、従業員を各人の能力、役割、職責等に応じて区分し、企業内での序列を明確にする仕組みです。基本的には、等級の上下に応じて権限・責任と報酬額が決まります。

報酬制度とは、労働の対価である賃金の他、インセンティブや生活保障的な手当など、会社が従業員に支払う金銭に関するルールです。

退職金制度とは、退職に伴って支給される金銭に関するルールです。退職時に一括して支払われる退職一時金や企業年金（確定給付型のもの、確定拠出型のもの）が該当します。

評価制度とは、一定期間における（または一時点における）従業員の会社業績への貢献度合いや期待する行動の実施状況、能力の発揮度合い、勤務態度等を評価する仕組みです。等級に応じた期待役割や職務などが評価の基準となり、評価結果は処遇（報酬額や昇格・昇進等）に反映されます。

福利厚生制度とは、報酬制度・退職金制度以外に会社が従業員に支給・提供する、金銭または非金銭の報酬であり、会社ごとに様々な種類があります。

◉────（3）人材マネジメントに対する社外取締役の役割

　自社の人材マネジメントは適切な内容であるか、自社の人材マネジメントは有効に機能しているか、といった点を確認するポイントとして、まずは、**人材マネジメントが経営戦略と連動しているかどうか、経営戦略の実現に資するものであるか**、といった観点で確認することが重要です。

　人材マネジメントの各施策や制度は短期間での変更が難しいことから、逆に中長期にわたって変えていないということも多く、「これまでの」経営戦略や歴史、自社内の常識などに縛られている可能性もあります。「これまでの経緯」は重要ではありますが、「これからの価値向上」に繋げるためには、これまでを否定することもときに必要です。

　また、先に述べた昨今の人的資本経営の流れのように、社外の風潮やトレンドを踏まえることも重要です。ひと昔前、ふた昔前であれば「仕事のためには寸暇を惜しまず業務を遂行し、少しでも多くの成果を出すこと」が求められていた風潮もありましたが、今は「仕事と私生活を個人のバランスで選択、実現し、仕事を含めた個人の人生を輝くものにすること」が社会的に求められており、そうした考え方が受け入れられ浸透している企業が良い企業とされています。

　人材マネジメント領域での良し悪しは、法律に則った判断や定量指標による評価ではなく、自社の状況と自社を取り巻くステークホルダーの考え方や価値観によって判断されるため、**社外取締役として客観的な視点や社内外の環境等を踏まえた判断や指摘ができると**、自社にとってより良い人材マネジメントになるのではないでしょうか。

206　│Chapter4│人材マネジメント

Part2
社外取締役必携基本マニュアル

2 遵法観点でのディフェンス人事

◉——(1) 労働条件や就業環境に関する確認

　人材マネジメントというとポジティブなイメージが強いかもしれませんが、労働法制を踏まえた遵法観点でのディフェンス的な確認、評価が重要になることもあります。

　人材マネジメントについて遵法観点での確認を行う際は、**社内規程やルールが各種法令や通達等を遵守しているか**といった**制度設計**（内容）と、**社内規程やルールがきちんと守られているか**という**制度運用**の両方を見る必要があります。

　社内規程の作成時に法律を無視して進めることはないと思いますが、一度作った規程やルールのメンテナンスを忘れてしまうことはあり得ます。

　働き方改革等の国の政策により、**育児・介護休業法**（正式名称は「育児休業、介護休業等育児又は家族介護を行う労働者の福祉に関する法律」）や**高齢者雇用安定法**（正式名称は「高年齢者等の雇用の安定等に関する法律」）は数年ごとに改正されていますので、最新情報をキャッチアップし対応することが求められます。

207

人材マネジメント領域に関連する主な法律

対象者		名称（正式名称）	法律の制定趣旨・内容
全員	1	労働基準法	労働条件の最低基準を定めた法律で、労働三法の1つ。労働時間や、休憩、休日、年次有給休暇、賃金等に関する最低基準が定められており、これらを下回る社内規程やルールは違法・無効となる。「36協定」などは、労働基準法に関する事項。
	2	労働契約法	労働者（従業員）と使用者（経営者、会社）が労働契約を締結する際の基本的事項等を定めた法律。就業規則の変更や、有期雇用社員の無期化などが定められている。
	3	労働安全衛生法	職場における労働者（従業員）の安全と健康を確保するための法律。産業医の選任や安全・衛生委員会の設置、健康診断の実施などが定められている。
	4	男女雇用機会均等法（雇用の分野における男女の均等な機会及び待遇の確保等に関する法律）	雇用管理上の性別による差別を禁止するとともに、セクハラやマタハラを防止し、かつ妊娠中・出産後の女性労働者の健康確保を義務付ける法律。
	5	最低賃金法	賃金の最低額を定めた法律。都道府県ごとに定められた「地域別最低賃金」と産業別に定められた「特定最低賃金」の2種類がある。
シニア社員	6	高齢者雇用安定法（高年齢者等の雇用の安定等に関する法律）	シニア世代の雇用促進を図る法律。65歳までの雇用義務化や、70歳までの雇用の努力義務などが定められている。
育児や介護を行う社員	7	育児・介護休業法（育児休業、介護休業等育児又は家族介護を行う労働者の福祉に関する法律）	育児や介護を行いながら、引き続き仕事を継続できるように（就業できるように）するための法律。休業（休職）の他、短時間勤務の設定や深夜業の制限などが定められている。
非正規社員	8	パートタイム・有期雇用労働法（短時間労働者及び有期雇用労働者の雇用管理の改善等に関する法律）	非正規社員の待遇を改善するための法律。「同一労働同一賃金」の基本的な考え方が定められている。※具体的な内容や事例は、「短時間・有期雇用労働者および派遣労働者に対する不合理な待遇の禁止等に関する指針」を参照
派遣社員	9	労働者派遣法（労働者派遣事業の適正な運営の確保及び派遣労働者の保護等に関する法律）	派遣労働者を保護するための法律。労働者派遣事業を運営する事業者（派遣元）と、派遣労働者を受け入れる派遣先の、双方が実施すべき事項等が定められている。

その他の法律

- 職業安定法（採用活動や求人等に関係）
- 女性活躍推進法（正式名称は「女性の職業生活における活躍の推進に関する法律」、事業主行動計画の策定に関係）
- 障害者雇用促進法（正式名称は「障害者の雇用促進等に関する法律」、障害者の雇用率に関係）　など

◉─── (2) 適切な運用実態の確認

　社内規程やルールがきちんと守られているかどうかは、出勤退勤時刻の打刻データや、パソコンの起動時間、社内施設への入館退館データなどを確認する方法の他、従業員エンゲージメント調査や従業員満足度調査の結果、産業医面談の面談記録などからリスクに気づくこともできます。

　ルール通りに運用しているかのように記録データなどを残すこと（記録済みのデータを改ざんすることだけでなく、データ上は退勤したことにしておいて退勤打刻後も業務を継続したり、自宅に持ち帰って私用のパソコンで業務を継続するなど、客観的データに現れない方法を取ること）は可能ですが、そういった就業を繰り返すと、心身の健康に異常が出てきたり、または匿名でのアンケート結果などに現れるものです。

　そういったリスクの予兆や一端を見過ごさないことは、社内の「当たり前」に慣れ親しんでいる人よりも、一歩引いた視点で事象を俯瞰できる社外取締役に期待されることではないでしょうか。

　社内規程やルールの適切な運用は、組織風土や社内の常識に埋もれてしまい、またはそれによって見過ごされることがあるので注意が必要です。

◉──(3) 自社の日常業務に関するチェック以外での確認場面

　遵法観点での規程、ルールの確認や運用実態の把握は、適切な事業運営の観点だけでなく事業再編の際の確認ポイントにもなります。これには、HRDD（人事デューデリジェンス）という、主にM&Aにおいて用いられる組織・人事のコストやリスクを分析する手法があります。

　スタートアップ企業などでこれからIPOを目指す場合は、特にこの点での自己チェックと不透明な点の改善が重要です（IPOに向けた自社HRDD）。

　また、自社の全部または一部の事業を他社に売却等する場合も、事前に自己チェックと対応改善を行うことで事業再編を優位に進めることができます（M&Aにおける売り手側でのHRDD）。

　逆に他社の事業等を買収する場合は、買い手側の立場で対象会社の社内規程やルールと運用実態を確認します（M&Aにおける買い手側でのHRDD）。

　いずれも、対象会社における適切な雇用管理の観点だけでなく、グループ管理やグループガバナンス等の視点を持って確認するのがよいでしょう。

210　│Chapter4│人材マネジメント

Part2
社外取締役必携基本マニュアル

column｜4

女性目線での育児・介護関係制度

　育児・介護休業法を踏まえた各種規程やルールの制定をしていたとしても、制度の利用率が上がらないと実質的な働き方改革やダイバーシティー・エクイティー＆インクルージョン（DE&I）が進んでいるとは言えません。

　先述の有価証券報告書における人的資本に関する開示事項にも、制度の利用率等の開示が求められていることから、規程・ルールの制定や適切な運用実態の管理に加え、制度を利用しやすい仕組みや風土作りも重要な観点です。

　制度の利用率を上げるためには、「周知」「納得」「共感」のステップを丁寧にフォローすることがポイントです。

①周知

「制度ができました」「規程が変わりました」と全社周知を行っても、当事者以外はあまり関心を持たず、全社周知の時点ではさほど浸透していかないのが実際です。

　育児や介護の事情が発生した従業員が、迷うことなく社内制度を知ることができる（またはアクセスできる）仕組みであることです。育児関係の社内制度を利用したいと思っても、就業規則、育児休業規則、イントラネットの福利厚生制度の申請画面、健康保険組合の関連資料やホームページ、といったように、複数の資料や書類を見ないと制度全体を把握できないといった現実が複数の企業で見られます。

211

社内掲示板やイントラネットへの掲載方法を工夫したり、社内相談窓口を設けるなど、関連する制度やルールを一度にまとめて確認できる方法を整備しておきましょう。

②納得

制度を周知するだけでなく、その後の、「使い方がわからないから使わない（使えない）」といった問題を解消することも必要です。「いつ」「どこに」申請しないといけないのかといったことについて、出産・育児や介護の発生タイミングや状況に応じて整理した案内や、または会社からの適時適切な案内があるとよいでしょう。

③共感

当事者への周知だけでなく、当事者が所属する部署やチームの上司や同僚に知ってもらい、周囲がサポートする雰囲気作りや休業期間等に入る準備の支援も重要です。

特に「出産」については、経営陣や幹部層の大半が男性を占める企業においては、女性目線での社内施策の確認や助言は有意義になるでしょう。

Part2
社外取締役必携基本マニュアル

3 戦略推進のためのオフェンス人事

⊙───(1) 戦略的要員計画の必要性

　少子高齢化により労働人口は今後もますます減少する一方でしょう。企業においては、若手層を中心に採用難が続いたり、または今以上に深刻になると想定されますし、採用難から労働者の取り合いになっている現状では、既存従業員の離転職が増加することも想定されます。政府が掲げる人材の流動化施策により、ますます従業員の採用やリテンションは難しくなっていくはずです。

　このような社会環境を踏まえると、戦略的な要員計画を立てることが重要になってきます。従前の「新卒採用をプラスして、定年退職者または65歳再雇用者をマイナスして…」というだけの単純な要員計画は実現可能性が下がってきているということです。

　戦略的要員計画とは、「事業の中長期的な展望を踏まえ」「どのような人材がどのくらい（何人）必要か」を試算するとともに、「それらの人材をどのように確保・育成し」「いくらくらいの賃金を支払うか（支払えるか）」まで検討することです。

213

本章の冒頭に記載した通り、人材マネジメントは経営戦略や事業計画を実現するためのものですから、事業の中長期的な展望を踏まえることは当たり前とお感じでしょう。

　では、自社の要員計画は、事業の拡大または縮小、技術発展や効率化による必要人員数の縮小、新規事業の開始や事業の多角化などを見込んだ数字になっているでしょうか？

　当然のことながら、これらの事業変化により、従業員に求めるスキルや組織ケイパビリティも変わってくるはずですので、**「どのような人材がどのくらい（何人）必要か」も中長期的な視点で見積もっていく必要がある**はずです。

　事業計画が縮小均衡の場合は、従業員のスキルが新しい事業等に馴染まないと余剰人員を抱えることになります。とはいえ、従業員のリスキリングは一朝一夕には進まないため、計画的に取り組んでおかないといけないわけです。

　採用難の環境下においては、1人当たり人件費（給与額）を上げなければ採用ができないことはもとより、従業員が離転職する可能性も高まります。その点からも、有効な人材配置を中長期的な視点で計画し、計画実現性を高めるための各種施策の立案と実行が望まれます。

　ややもすると、事業戦略の検討部門と人事部門が連携できていない、足元課題に注力しがちで中長期的な計画が立てられていないといった状況に陥ることがあるため、**社外取締役が社会環境や業界内外の動きを踏まえた要員計画のチェックを行う**ことも有意義な取組と言えます。

214　│Chapter4│人材マネジメント

Part2
社外取締役必携基本マニュアル

◉─── (2) 採用施策とDE&I

　戦略的要員計画を策定したら、それを実現させるべく採用施策の実施と
リテンション（確保）対応をしていくことになります。
　日系企業においては、未だ新卒採用を重視する傾向にありますが、
2023年10月に厚生労働省が公表した「新規学卒就職者の離職状況（令和
２年３月卒業者）」によれば、「就職後３年以内の離職率は、新規高卒就職
者が37.0％（前年度と比較して 1.1ポイント上昇）、新規大学卒就職者が
32.3％（同0.8ポイント上昇）」となっており、どんなに新卒採用を強化し
ても、一定数は初期の育成段階が終了した頃に自社を去ってしまいます。
　それであれば、新卒採用のみに固執するのではなく、自社の経営理念や
事業に共感する人材や、事業変化によって必要となった現在の自社にはな
いスキルを有した人材を、キャリア採用（または経験者採用ともいう）と
して、一定数を、社外から迎えることも検討すべきです。

　「新卒採用者は白いキャンバスに自社の絵を描けるが、キャリア採用者は
すでに他社の絵が描かれたキャンバスだから自社向きの絵に描き変えるこ
とは困難である」という意見を聞くことがあります。しかしながら、似た
ような絵ばかりが飾られた美術館には、志向の合った一部の固定的な人ば
かりが訪れ、多くの人々、様々な人々が来館するようにはならないでしょ
う。
　美術館には、様々な絵が必要なのです。同様に、企業においても様々な
キャリアやバックボーンを持った人材が集まることで、イノベーションが
起こり事業変化に好影響を与えることが期待されます。

215

こういったDE&I（ダイバーシティ・エクイティ＆インクルージョン＝多様性（Diversity）、公平性（Equity）、包摂性（Inclusion）の頭文字をとった概念。多様な人材が活躍できる組織や社会を構築するための考え方）を重視した経営がイノベーションに好影響を与えることは、2020年10月に経団連が発表した「『ポストコロナ時代を見据えたダイバーシティ＆インクルージョン推進』に関するアンケート結果」からも一定の結果を見出しています。

同種人材ばかりを採用している組織は硬直的になり、また社内常識の蔓延をもたらします。新卒採用／キャリア採用だけでなく、男女比や外国籍従業員の割合なども確認し、DE&Iを促すことが社外取締役に期待されます。

◉─── (3) キャリアパスイメージを中心とした人材育成計画

戦略的要員計画の実現には、リスキリングがポイントとなりますが、リスキリングはなかなかに難しいものです。何十年の実務経験によって身につけたスキルを、Eラーニングや数日の研修によって変えていくことなどできません。

人材育成計画を策定している企業は多いと思いますが、中身を見ると集合研修やEラーニングといった、いわゆるOff-JTのメニューばかりということが多々あります。

しかしながら、ロミンガーの法則では、人材育成は経験が70％、他者からの指導・助言が20％、教育研修が10％と言われており、したがって真に効果のある人材育成計画とは、どのような経験を積ませることで、どのようなスキルを習得させるかといった、異動配置の方針やキャリアパスを検討したものと言えます。この点を見逃している企業は少なくありません。

社外取締役必携基本マニュアル

　また、キャリアパス計画を作成している企業や作成しようとしている企業からは、「せっかく緻密な異動配置計画を立てたのに、転退職や事業部門の状況変化によって計画通りに異動させられない」という声も聞きます。人事は"ミズモノ"です。緻密な計画を立てても実現させることはほぼ不可能でしょう。

　重要なことは、「どんな経験をするとどんなスキルが身につくのか」と、「自社の主流とすべき異動パターンはどのようなものか（または、メインストリームはどのようなものか）」ということを、経営陣や幹部層が議論し認識を合わせることで、大局観の中で自社全体のキャリアパスイメージを揃えることです。こうすることで、部署ごとの都合を優先した部分最適の異動配置や、育成観点ではない数合わせのためのその場しのぎの異動配置を防ぐことが可能です。

　業務執行取締役や執行部門の幹部層は、担当事業の目標達成等に必要な人材を質の面、量の面のそれぞれで抱え込みがちです。執行部門を持たない社外取締役だからこそ、そのようなことが起きていないかを確認し、助言・指摘することができます。

◉───（4）サクセションプランの策定

　コーポレートガバナンス・コードにおいて、代表取締役やCEOの後継者育成計画（サクセションプラン）の策定に取締役会が関与、主導することが記載され、各社で検討が始まっています。前述した人材育成計画とサクセションプランは何が違うのでしょうか？

　人材育成計画は、比較的短期的なキャリアやビジネスパーソンとしての足元課題を踏まえ、今または次に何が必要かにフォーカスしたものであり、また対象を全社員や比較的多い人材に設定した計画と言えます。

　これに対し、サクセションプランは将来の後継者育成ですから、比較的中長期視点であること、将来的に必要となる経験を今積ませることが主流となり、全員ではなくある程度選抜された人材が対象となります。

　部長層や課長層から選抜を開始することもあれば、さらにその前段階である係長層や主任層から徐々に選抜を開始することもあります。下位層ほど対象者数を多く設定し、徐々に絞り込んでいくことで、経営者にふさわしいスキル、能力、経験、人となりを持ち合わせた人材を選んでいくわけです。

　社外取締役は、サクセションプランの検討だけでなく実行にも関与していくことが望まれます。社外取締役は、自社の人材にはない経験や知見を持ち合わせており、または他社での経営経験もあると思いますので、社内取締役等とは違った視点で人材を選抜することができるからです。さらには、そういった経験や知見を候補者に授けることも、後継者育成には重要かつ有意義なものでしょう。

218　│Chapter4│人材マネジメント

◉────(5) インセンティブ報酬、株式報酬の導入

　近年の人事領域での課題として、多くの企業から「賃金水準を上げないと採用できない」「転職市場が活況なため、賃金水準を上げないとリテンションできない」といった声を聞きます。経営者の方も、もちろん従業員の賃金を上げたい気持ちはあるでしょうが、当然先立つものがなければ支給できないというのが現実です。

　こういった事情を踏まえ、**インセンティブ報酬、業績連動賞与**といった報酬の仕組みを導入する企業が増えています。通常賞与（これまでの日系企業に多い、労働組合との交渉結果により支給額（支給月数）が決まったり、基本支給月数プラス α といった形で一定額の支給を前提としている賞与）などと異なり、支給額の決定に業績指標を連動させることで、支給要件を明確にし、高業績であれば（または高業績に貢献すれば）通常の賃金や年収に上乗せしてインセンティブを支給するというものです。

　連動させる業績指標を会社のKPIや事業単位・組織単位の目標値とすることで、自社の業績向上に従業員の頑張りが直結しやすくなるとともに、従業員にとっても目標が明確になりモチベーションが向上しやすくなるといったメリットがあります。

　他方で、通常の賃金や年収と比較してインセンティブ報酬の割合が高すぎると、従業員の収入が不安定になったり、無理に業績を達成しようとして不正を誘発するといったこともあり得ますので、バランスを見て設定していくことが重要です。いずれにしても、**経営戦略と相関した業績目標の設定がポイント**となります。

また、**株式報酬制度の対象者を拡大する**企業も増えてきています。役員報酬においては、株主との利害共有や株価上昇へのコミットの観点で、ロング・ターム・インセンティブの一つとして導入する上場企業が多数となりましたが、これを執行役員層や部長層に拡大するというものです。

　厳密にいえば、従業員（雇用契約を締結している者）に対し、報酬（労働の対価）として株式を支給することは労働基準法違反となるため、**報酬ではなく福利厚生の位置づけとして「従業員株式付与制度」を導入**します。
　次世代の経営者においても、株主目線や株価上昇を意識した職務遂行を促す意図であり、サクセションプランの策定と合わせて後継者育成に寄与する施策と言えるでしょう。

　ただし、**株式報酬制度は自社の資本政策や転退職リスクとも密接に絡む**ため、導入是非や制度設計には慎重な検討を要します（ここでいう転退職リスクとは、従業員に付与する株式が譲渡制限付株式であり、譲渡制限解除の条件を退職時と設定した場合、株価上昇を契機に転退職を誘発する可能性があることを指します）。

220　│Chapter4│人材マネジメント

Part2
社外取締役必携基本マニュアル

column | 5

指名・報酬委員会の運用例

　社外取締役の職務として、指名委員会等設置会社における各委員会の委員や、それ以外の機関設計会社における指名や報酬に関する諮問委員会の委員を担うことが増えてきています。特に指名委員会においては、既存役員の再任判断の他に新任の選任を行わなければならず、特に社内人材の選任登用に関与することが求められています。

　しかしながら、社外取締役は社内人材との接点や交流が少なく、書類上の形式的な評価や、人となりを知らないまま選定してしまう、という課題もあるようです。

　指名委員会やサクセションプランの策定における社外取締役の関与事例として、以下のような工夫をしている企業が見られます。

・取締役会や経営会議で、部長層や課長層に議案の詳細を説明させる
・取締役会や経営会議の終了後に、候補者数人ずつが、自部署の課題や今年度の目標などをプレゼンする機会を設ける
・社外取締役に対し、サクセションプランの候補者の人事評価結果や360度評価の結果を定期的に報告・共有する
・部長層の昇格面談や昇格審査に社外取締役が同席する

　社外取締役の自社の関与には制約があると思いますが、他方で社外取締役は表面的、断片的に関与すればよいというものではないという指摘もなされており、人事領域においても社外取締役が果たすべき役割や関与の仕方が変わってきていると言えるでしょう。

column | 6

グローバル人事

　グローバルに事業展開を行っている企業では、人事にもグローバル目線や海外現地法人の対応などが求められるでしょう。各国の人事施策は、現地の法令のみならず商慣習や国の歴史、社会常識や文化なども考慮する必要があります。ここでは、各国に共通して意識いただきたいグローバル人事のポイントを挙げます。

1　人権への配慮

　国連「ビジネスと人権に関する指導原則」により、企業には人権尊重に対する責任が定められています。自社や自社の子会社のみならずサプライチェーンに関わる全ての企業において、人権侵害（性別・国籍・人種による差別や不当労働など）が行われていないか、人権尊重が明示され企業内教育や通報窓口が整備されているかなどを確認することが重要です。

2　法令・規制の遵守

　各国の労働法制を全て把握しチェックすることは現実的ではないため、基本的には現地の専門家（法律事務所等）を通じて、法令違反がないかを確認することになります。日本と同様に、各国の法令順守状況をモニタリングする仕組みや機能が社内に整備されているか確認しましょう。

Part2

社外取締役必携基本マニュアル

3　現地の人事担当者とのコミュニケーション

　日常的な人事業務や人事施策の実行は、海外現地法人のローカルスタッフに任せるケースが多いと思いますが、現地に赴任している日本人社員がローカルスタッフの業務を確認しきれない……というお悩みをよく耳にします。人事業務は、商慣習や社会常識などが背景にあり、日本人社員では判断しきれないという理由のようです。できるだけ現地の歴史や風土などに関心を持つことと、企業としての最低限の判断基準を備えておくことが必要です。

4　現地法人の経営者

　現地法人の経営者ポストが全員日本本社からの出向者という体制は、あまり望ましいとは言えません。上記3のように実務担当者をきちんと管理しきれないだけでなく、ローカルスタッフのモチベーションやリテンションにも良い環境とは言えません。優秀なローカルスタッフを上位層に登用し、現地と日本が一緒に経営する体制を目指すことが、現地法人をうまく運営してくためのポイントです。

注

30) 金融庁「企業内容等の開示に関する内閣府令」等の改正案の公表について
　　https://www.fsa.go.jp/news/r4/sonota/20221107/20221107.html

223

224　│Chapter4│人材マネジメント

内部統制

1 ┃ 内部統制はなぜ必要か?

◉───(1) 内部統制がないと何が起きる?

「内部統制とは何か」を知る前に、「なぜ内部統制が必要なのか」、「内部統制がなかったらどうなるか」について、まずは簡単な例を見ながら理解してみましょう。

自社に購買に関するルールがなかったらどうなるでしょうか。

買う前の上司への相談、承認はいりません。事後の使用明細(レシート)の提出も不要です。ルールがないので、いつでも好きなときに好きな額まで使えることになります。

確かに、事前の関係各所への根回しは労力のいる作業ですので、それらが省けるのは、申請側、承認者側双方にとっての人件費削減に繋がります。またスピード感をもって購買手続を進めることができる良さがあります。

しかし、そのようなやりたい放題は許されないな、健全な企業経営とは言い難い、と直感的におわかりだと思います。

「役員が交渉していたとはいえ、○○の土地購入金額は高すぎやしないか」、「従業員が購入した△△文房具の購入金額は妥当だが、当社にとって

226 ┃ Chapter5 ┃ 内部統制

不必要な数を買っていないか」といった、一定の社内チェックが必要なこと、チェックをするには購買者（欲しい人）にエビデンスを提出させる必要があることがおわかりでしょう。

「**会社に存在するリスクに備えて、事業活動を健全かつ効率的に運営するための仕組みを作ること**」、それが**内部統制**の構築となります。

◉───(2) ガチガチな内部統制にしてしまうと?

よく内部統制の構築にあたって例に出されるのが、車のアクセルとブレーキの関係です。車を進ませるにはアクセルが必要です。気持ちよくアクセルを踏むとスピードもそれなりに出ます。スピードが出過ぎた場合、それを制御するのがブレーキです。ブレーキの利きが悪かったり、ブレーキが壊れていたら、安心してアクセルを踏むことはできません。

企業活動も同じです。新製品、新サービスを企画、設計、開発、販売する開発担当や営業担当らがアクセルの役目と考えられます。

一方、ブレーキの役目が、内部統制です。安心、信頼できる内部統制があってこそ、ときに大胆に、ときに速度を上げて、開発・営業といった企業経営が行えるようになります。

ここで大切なのはブレーキのかけ方、すなわち内部統制の組み込み方（整備の仕方）です。ブレーキをかけすぎると、スピードが出ない分、事故の確率は下がりますが、目的地までなかなか到達しません。

事故を起こさずスピードも失わずに行くにはどうしたらよいでしょうか?

人が多いところではしっかりとブレーキをかけつつ、人が少なく見晴らしのよいところではブレーキのかけ方を弱めアクセルをしっかりと踏むといった、メリハリ、バランスが必要です。

経営も同じです。スピードを阻害しないよう、要所を押さえてメリハリの利いた、バランスの取れた内部統制を組み込むことが望まれます。

隣の芝生は青く見えることに注意する必要もあります。「あの人が乗っている車のブレーキには最新技術が搭載されているから、私の車にもそれを早く導入しなければ」と思いがちです。しかし、本当にそうすべきでしょうか。その最新のブレーキがないと目的地まで快適にスピーディに到達できないか、を焦らず慎重に検討することが重要です。

内部統制も同じです。競合会社が導入している内部統制であったとしても、自社にリスクが存在しないと判断できるのであれば、それを組み込む必要はありません。

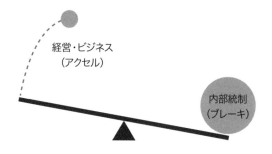

最後に、車のブレーキは、時代の変化に合わせて、年々改良が進められています。内部統制も一度作ったら終わりではなく、外的要因、内的要因に合わせて、適宜改良をする、または、改良すべきか定期的に検討する必要があります。

Part2
社外取締役必携基本マニュアル

2 内部統制とは何か?

⦿───(1) 内部統制の定義（内部統制＝目的×基本的要素）

　内部統制を詳細に把握するには、300ページ程度の本を読むことが必要などとも言われています。しかし、本Chapterの主眼はそこではなく、内部統制の構築にあたっての基礎的知識を体系的に理解することにあります。そのため、概念的・抽象的な記述が多く並びますが、**金融庁「財務報告に係る内部統制の評価及び監査の基準」**を用いて説明することにします。同基準に書かれているフレームワークを理解することで、実務、応用の理解が進みます。

　それでは早速本題に入りましょう。内部統制とは、基本的に、

❶ 業務の有効性及び効率性
❷ 報告の信頼性
❸ 事業活動に関わる法令等の遵守
❹ 資産の保全

の**4つの目的**が達成されているとの合理的な保証を得るために、業務に組み込まれ、組織内の全ての者によって遂行されるプロセスを言います。

229

また、内部統制は

> ❶ 統制環境
> ❷ リスクの評価と対応
> ❸ 統制活動
> ❹ 情報と伝達
> ❺ モニタリング（監視活動）
> ❻ IT（情報技術）への対応

の**6つの基本的要素**から構成されており、内部統制の目的を達成するには、全ての基本的要素が有効に機能していることが必要であるとされています。

まずは、内部統制とは、これらの**4つの目的と6つの基本要素の組み合わせ**で説明できるもの、と理解ください。

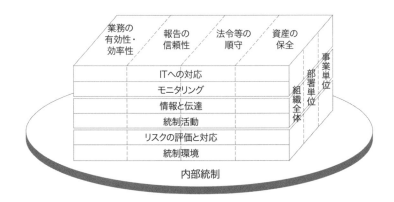

Part2
社外取締役必携基本マニュアル

◉───(2) 内部統制の目的

改めて、内部統制の4つの目的の具体的な内容を見ていきましょう。

❶ 業務の有効性、及び効率性

事業活動の目的の達成のため、業務の有効性及び効率性を高めること

■業務とは、組織の事業活動の目的を達成するため、全ての組織内の者が日々継続して取り組む活動をいう。業務の有効性とは事業活動や業務の目的が達成される程度をいう

■業務の効率性とは、組織が目的を達成しようとする際に、時間、人員、コスト等の組織内外の資源が合理的に使用される程度をいう

■**簡潔に言うと『会社の業務を無駄なく正確に実施すること』**

（具体例）監査役による業務監査

（具体例）工場設立のための土地購入の際の社内稟議

❷ 報告の信頼性

組織内及び組織の外部への報告（非財務情報を含む）の信頼性を確保すること

（注）報告の信頼性には、財務報告の信頼性が含まれる。財務報告の信頼性は、財務諸表及び財務諸表に重要な影響を及ぼす可能性のある情報の信頼性を確保することをいう

■財務報告は、組織の内外の者が当該組織の活動を確認する上で、極めて重要な情報であり、財務報告の信頼性を確保することは組織に対する社会的な信用の維持・向上に資することになる

■逆に、誤った財務報告は、多くの利害関係者に対して不測の損害を与えるだけでなく、組織に対する信頼を著しく失墜させることとなる

231

■簡潔に言うと『財務諸表を中心に虚偽記載がないよう、適正性を確保すること』
（具体例）経理部長、経理管掌取締役による、財務諸表の確認
（具体例）業務システムから会計システムへの売上情報や製造コスト情報の連携（転送）

❸ 事業活動に関わる法令等の遵守

事業活動に関わる法令その他の規範の遵守を促進すること

■組織や組織内の者が法令の遵守を怠り、または社会規範を無視した行動をとれば、それに応じた罰則、批判を受け、組織の存続すら危うくしかねない。反対に、商品の安全基準の遵守や操業の安全性の確保など、法令等の遵守への真摯な取組みが認知された場合には、組織の評判や社会的信用の向上を通じて、業績や株価等の向上にも資することとなる。このように、組織が存続し発展していくためには、事業活動に関し、適切な法令遵守体制を整備することが不可欠である

■事業活動に関わる法令その他の規範は、以下のものから構成される
①法令：組織が事業活動を行っていく上で、遵守することが求められる国内外の法律、命令、条令、規則等
②基準等：法令以外であって、組織の外部からの強制力をもって遵守が求められる規範。例えば、取引所の規則、会計基準等
③自社内外の行動規範：上記以外の規範で組織が遵守することを求められ、又は自主的に遵守することを決定したもの。例えば、組織の定款、その他の内部規程、業界等の行動規範等

Part2
社外取締役必携基本マニュアル

■簡潔に言うと『コンプライアンス＝法令を遵守すること』
（具体例）下請法を守るための、法務部及び監査室による、下請取引先との書面締結状況、支払遅延有無の確認
（具体例）個人情報保護法を守るための、法務部及び監査室による、イベント参加者の個人情報の管理状況の確認
（具体例）労働基準法を守るための、人事部による、時間外労働や休日労働時間の確認

❹ 資産の保全

資産の取得、使用及び処分が正当な手続き及び承認のもとに行われるよう、資産の保全を図ること
■資産が不正に、又は誤って取得、使用及び処分された場合、組織の財産や社会的信用に大きな損害や影響を与える可能性がある。また、組織が出資者等から財産の拠出等を受けて活動している場合、経営者は、これを適切に保全する責任を負っている
■資産には、有形の資産のほか、知的財産、顧客に関する情報など無形の資産も含まれる
■組織においては、資産の取得、使用及び処分に係る不正又は誤謬を防止するため、資産が正当な手続及び承認の下に取得、使用及び処分される体制を整備することが求められる。仮に正当な手続及び承認の下に取得、使用及び処分が行われていない場合には、すみやかに発見して対応を図る体制を整備し、運用することが求められる
■簡潔に言うと『無駄遣いをなくすこと』
（具体例）工場設立のための土地購入の際の社内稟議
（具体例）取引開始前に行う与信審査

233

以上、内部統制の4つの目的である「業務の有効性及び効率性」、「報告の信頼性」、「事業活動に関わる法令等の遵守」及び「資産の保全」は、それぞれ固有の目的ですが、互いに独立して存在するものではなく、相互に密接に関連しています。

　いずれか1つの目的を達成するために構築された内部統制であっても、他の目的のために構築された内部統制と共通の体制となったり、互いに補完し合う場合もあります。

◉───(3) 内部統制の基本的要素

　次に、内部統制の基本的要素について見ていきましょう。先に挙げた次の6つの要素で、内部統制の目的を達成するために必要とされる内部統制の構成部分をいいます。

　内部統制の有効性の判断の規準となります。

❶ 統制環境
❷ リスクの評価と対応
❸ 統制活動
❹ 情報と伝達
❺ モニタリング（監視活動）
❻ IT（情報技術）への対応

　それぞれ具体的な内容を見ていきましょう。

234　│Chapter5│内部統制

Part2
社外取締役必携基本マニュアル

❶ 統制環境

組織の気風を決定し、組織内の全ての者の統制に対する意識に影響を与えるとともに、他の基本的要素の基礎をなし、リスクの評価と対応、統制活動、情報と伝達、モニタリング及びITへの対応に影響を及ぼす基盤

■統制環境は、組織が保有する価値基準及び組織の基本的な人事、職務の制度等を総称する概念
■組織の気風とは、一般に当該組織に見られる意識やそれに基づく行動、及び当該組織に固有の強みや特徴をいう
■組織の気風は、組織の最高責任者の意向や姿勢を反映したものとなることが多い
■統制環境は、他の基本的要素の前提となるとともに、他の基本的要素に影響を与える**最も重要な基本的要素**である

統制環境に含まれる事項の例示としては、以下の通り
① 誠実性及び倫理観
② 経営者の意向及び姿勢
③ 経営方針及び経営戦略
④ 取締役会及び監査役等の有する機能
⑤ 組織構造及び慣行
⑥ 権限及び職責
⑦ 人的資源に対する方針と管理

❷ リスクの評価と対応

組織目標の達成に影響を与える事象について、組織目標の達成を阻害する要因をリスクとして識別、分析及び評価し、当該リスクへの適切な対応を行う一連のプロセス

■リスクとは、組織目標の達成を阻害する要因をいう。具体的には以下が挙げられる

・天災、盗難、市場競争の激化、為替や資源相場の変動といった組織を取り巻く外部的要因

・情報システムの故障・不具合、会計処理の誤謬・不正行為の発生、個人情報及び高度な経営判断に関わる情報の流失または漏洩といった組織の中で生ずる内部的要因

■「リスクの評価」及び「リスクへの対応」を示すと以下の通り

リスクの評価

リスクの識別
●組織目標の達成に影響を与える可能性のある事象を把握し、そのうちにどのようなリスクがあるのかを特定する

リスクの分類
●識別したリスクを、全社的なリスクか業務プロセスのリスクか、過去に生じたリスクか未経験のリスクか等の観点から分類する

リスクの分析
●識別・分類したリスクについて、当該リスクが生じる可能性及びリスクがもたらす影響の大きさを分析し、当該リスクの重要性を見積もる

リスクの評価
●見積もったリスクの重要性に照らして、対応策を講じるべきリスクかどうかを評価する

リスクへの対応
●リスクの評価を受けて、当該リスクへの適切な対応を選択する
●リスクへの対応にあたっては、評価されたリスクについて、その回避、低減、移転または受容等、適切な対応を選択する

リスクへの対応

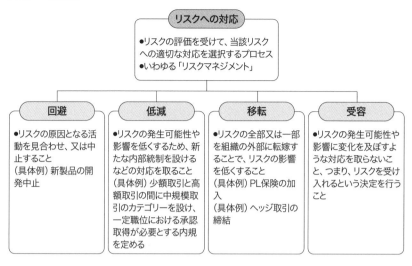

❸ 統制活動

経営者の命令及び指示が適切に実行されることを確保するために定める方針及び手続

■統制活動には、権限及び職責の付与、職務の分掌等の広範な方針及び手続が含まれる

■このような方針及び手続は、業務のプロセスに組み込まれるべきものであり、組織内の全ての者において遂行されることにより機能する

■統制活動の方針は、全社にわたって標準的・統一的に定められることが適切なものについては、例えば、全社的な職務規程等の形で整備するとともに、これに加えて組織内の各部門または活動単位ごとに定めることが適切なものについては、個々の業務手順等を整備することが考えられる

■統制活動の方針を達成するため、それぞれの業務につき、必要に応じ、承認、検証、記録等の適切な手続を設けることが考えられる
（具体例）高額取引に関して、経営会議承認の取得を必須とする
（具体例）高額取引に関して、稟議申請者と、実際の支払担当者との業務を分ける

❹ 情報と伝達

必要な情報が識別、把握及び処理され、組織内外及び関係者相互に正しく伝えられることを確保すること
■組織内の全ての者が各々の職務の遂行に必要とする情報は、適時かつ適切に、識別、把握、処理及び伝達されなければならない
■必要な情報が伝達されるだけでなく、それが受け手に正しく理解され、その情報を必要とする組織内の全ての者に共有されることが重要である
（具体例）稟議書
（具体例）社内イントラネット
（具体例）全社員がアクセスできる共有フォルダ
（具体例）内部通報制度

❺ モニタリング

内部統制が有効に機能していることを継続的に評価するプロセス
■モニタリングにより、内部統制は常に監視、評価及び是正されることになる
■モニタリングには、業務に組み込まれて行われる「日常的モニタリ

ング」と業務から独立した視点から実施される「独立的評価」がある

■「日常的モニタリング」と「独立的評価」を個別に、または組み合わせて行うことで、内部統制の有効性の向上につながる

■「日常的モニタリング」及び「独立的評価」の内容は以下の通り

モニタリング

日常的モニタリング

●通常の業務に組み込まれた一連の手続を実施することで、内部統制の有効性を継続的に検討・評価すること

●業務活動を遂行する部門内で実施される内部統制の自己点検ないし自己評価も含まれる

（具体例）承認者による売掛金の残高確認

独立性評価

●日常的モニタリングでは発見できないような経営上の問題がないかを、別の視点から評価するために定期的または随時に行われるもの

（具体例）内部監査室による、各部門の業務執行のモニタリング
（具体例）取締役会による、各取締役の業務執行のモニタリング
（具体例）監査役による、各取締役の業務執行のモニタリング

❻ ITへの対応

組織目標を達成するために予め適切な方針及び手続を定め、それを踏まえて、業務の実施において組織の内外のITに対し適時かつ適切に対応すること

■ITへの対応は、内部統制の他の基本的要素と必ずしも独立に存在するものではないが、組織の業務内容がITに大きく依存している場合や組織の情報システムがITを高度に取り入れている場合等には、内部統制の目的を達成するために不可欠の要素として、内部統制の有効性に係る判断の規準となる

■ITへの対応は、「IT環境への対応」と「ITの利用及び統制」からなる。その内容は次の通り（次のページ）。

ITへの対応

IT環境への対応

- 組織を取り巻くIT環境を適切に管理し、それを踏まえて、ITの利用及び体制について適切な対応を行う

（具体例）社会及び市場におけるITの浸透度
（具体例）組織が行う取引等におけるITの利用状況
（具体例）組織が選択的に依拠している一連の情報システムの状況（情報システムに依拠しているかどうか、依拠している場合にどのような情報システムに依拠しているか等）
（具体例）ITを利用した情報システムの安定度
（具体例）ITに係る外部委託の状況

ITの利用及び税制

- 組織内において、内部統制の他の基本的要素の有効性を確保するためにITを有効かつ効率的に利用すること

- 組織内において利用されているITに対して、組織目標を達成するために、予め適切な方針及び手続を定め、内部統制の他の基本的要素をより有効に機能させること

- 具体的には以下の通り

- 「統制環境」の有効性を確保するためのITの利用
▷ ITに関する戦略、計画、予算等の策定、体制の整備
▷ ITに係る教育、研修に関する方針

- 「リスクの評価と対応」の有効性を確保するためのITの利用
（具体例）販売管理部門または経理部門において、売掛債権の発生や回収を適時に把握し、回収が滞っている売掛債権について別途管理できるシステム

- 「統制活動」の有効性を確保するためのITの利用
（具体例）生産管理システムを開発し、その中に棚卸の検証プログラムを組み込んでおき、製造部門が製造指図書のデータに従って在庫原材料の出庫数量を入力する手続や倉庫係が日々の原材料の実在庫データを入力する手続等を業務プロセスに組み込む

- 「情報と伝達の有効性」を確保するためのITの利用
（具体例）必要な承認や作業完了が一定期間に実施されないと担当者の上司に伝達されるシステム

- 「モニタリング」の有効性を確保するためのITの利用

Part2
社外取締役必携基本マニュアル

3 内部統制の限界

　内部統制は、次の4つの固有の限界を持っているため、完璧な防御システムにはなりません。

❶ 判断の誤り、不注意、複数の担当者の共謀によって有効に機能しなくなる場合がある

❷ 当初想定していなかった組織内外の環境の変化や非定型的取引等には、必ずしも対応しない場合がある

❸ 経営者が不正な目的のために内部統制を無視ないし無効ならしめることがある

❹ 内部統制の整備および運用に際しては、費用と便益の比較衡量が求められる

　すなわち、適切に整備され、運用されている内部統制であっても、内部統制が本来有する制約のため有効に機能しなくなることがあり、内部統制の目的を常に完全に達成するものとはならない場合があるということです。

　内部統制の限界を突破するためにさらなる対処をする必要はありません。
　内部統制対応について大切なことは、上記固有の限界を理解した上で、リスクを合理的な範囲で低減できるように、内部統制を整備、運用、評価、再実施することです。

判断の誤り、不注意、複数の担当者の共謀によって有効に機能しなくなる場合がある	内部統制の整備及び運用に際しては、費用と便益の比較衡量が求められる
●内部統制の実施に人は不可欠であり、人が介在する以上誤りは生じる ●経費の申請者と承認者が共謀するといったことが想定される	●ある内部統制の手続を導入することの可否を決定する際に、そのための費用と、その手続によるリスクへの対応を図ることから得られる便益とを比較検討する

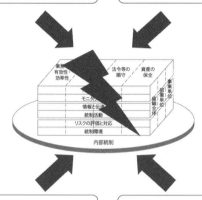

当初想定していなかった組織内外の環境の変化や非定型的取引等には、必ずしも対応しない場合がある	経営者が不正な目的のために内部統制を無視ないし無効ならしめることがある
●急な環境変化に対応できず、処理を誤った場合、それを見抜けない可能性がある ●フリーランスを使った取引が初めてのため、フリーランス法に関する社内ルールが不十分といったことも想定される	●経営者が不正を指示した場合、従業員が指摘や不正を正すことは困難である ●経営トップ主導による企業不祥事も多い

Part2
社外取締役必携基本マニュアル

4 社外取締役がチェックすべき 内部統制のポイント

　社外取締役は、Part2 Chapter1でも記載の通り、その役割として、取締役会の決議で議決権を行使し、重要な業務執行の決定に関与するとともに、業務執行取締役の職務の執行を監督・監視することが求められます。

　監視・監督の在り方として、内部統制が適切に構築、運用されているかをチェックすることが重要となります。

　具体的なチェックポイントは次の通りです。

□内部統制の根幹となる内部統制の基本方針が適切であるか？

□基本方針に従い、内部統制が適切に構築されているか？

□構築された内部統制が適切に運用されているか？

□会社の状況の変化、法令の改正、時代の水準などに照らして、見直したり、改善すべき点はないか？

　社外取締役は、これらのいずれかが不十分である、見直すべきである、改善すべきであると考えた場合、取締役会において、その旨の意見を述べ、是正を促すことが求められます。

243

column|7

システム技術事件

　内部統制に関する裁判所の判決（判例）としては、日本システム技術事件（最判平成21年7月9日）が有名です。

≪事案の概要≫

　会社の従業員らが営業成績を上げる目的で架空の売上げを計上したため有価証券報告書に不実の記載がされ、その後当該事実が公表されて会社の株価が下落したことについて、公表前に当該会社の株式を取得した株主が、会社の代表取締役に従業員らの不正行為を防止するためのリスク管理体制を構築すべき義務に違反した過失があり、その結果株主が損害を被ったなどと主張して、会社に対し、損害賠償を請求したものです。

≪最高裁判所判決の要旨≫

　最高裁判所は、次の①～③などの判示の事情の下では、当該会社の代表者に、従業員らによる架空売上げの計上を防止するためのリスク管理体制を構築すべき義務に違反した過失があるとは言えないとして、会社に対する請求を棄却しました。

　①当該会社は、営業部の所属する事業部門と財務部門を分離し、売上げについては、事業部内の営業部とは別の部署における注文書、検収書の確認等を経て財務部に報告される体制を整えるとともに、監査法人及び当該会社の財務部がそれぞれ定期的に取引先から売掛金残高確認書の返送を受ける方法で売掛金残高を確認することとするなど、

通常想定される架空売上げの計上等の不正行為を防止し得る程度の管理体制は整えていた。

　②上記架空売上げの計上に係る不正行為は、事業部の部長が部下である営業担当者数名と共謀して、取引先の偽造印を用いて注文書等を偽造し、これらを確認する担当者を欺いて財務部に架空の売上報告をさせた上、上記営業担当者らが言葉巧みに取引先の担当者を欺いて、監査法人等が取引先あてに郵送した売掛金残高確認書の用紙を未開封のまま回収し、これを偽造して監査法人等に送付するという、通常容易に想定し難い方法によるものであった。

　財務部が売掛金債権の回収遅延につき上記事業部の部長らから受けていた説明は合理的なもので、監査法人も当該会社の財務諸表につき適正意見を表明していた。

column｜8

「グローバル経営」×「内部統制」

　グローバル経営を行う際に、適切な内部統制システムの構築として考慮すべき一般的な要素として、以下が挙げられます。

1　グローバルな視点でのリスク管理
- **為替リスク**　為替変動による損失を最小限に抑えるためのヘッジ戦略等を検討する
- **地政学リスク**　政情不安、テロ、自然災害など、事業展開国における地政学リスクを評価し、適切な対策を検討する
- **サプライチェーンリスク**　グローバルなサプライチェーンにおけるリスク（供給遅延、品質問題、人権侵害等）を把握し、適切な管理方法を検討する
- **サイバーセキュリティリスク**　グローバルなネットワーク環境におけるサイバー攻撃のリスクを認識し、適切なセキュリティ対策を検討する
- **レピュテーションリスク**　企業の評判を毀損する事態（不正行為、環境問題、人権問題等）が発生しないよう、予防策を検討する

2　法令・規制遵守
- **各国の法規制への準拠**　データ保護関連法（GDPR、CCPA等）、贈収賄防止法（FCPA、UKBA等）、労働法、税法といった事業展開国の法令を理解し、遵守する
- **国際的な規制・基準の遵守**　OECD多国籍企業行動指針、ISO規格（ISO 9001、ISO 27001、ISO 37001等）といった国際的な基準を考慮する

3 文化・慣習への配慮

- **ビジネス慣習の違い** 各国のビジネス慣習、商習慣、倫理観、意思決定プロセス、コミュニケーションスタイル等の違いを理解する
- **多様性への対応** 従業員の国籍、宗教、文化背景等の多様性を尊重し、公平で差別のない職場環境を整備する

4 現地の実情に合わせた柔軟性

- **現地子会社への権限委譲** 現地の状況に合わせた柔軟な対応を可能とすべく、一定程度の権限を現地子会社に委譲することを検討する（適切な監督・モニタリングは必要）
- **ベストプラクティスの共有** グループ全体で内部統制のレベル向上を図るべく、各国子会社のベストプラクティスをグループ間で共有する

　企業の規模、業種、事業展開国などによって、考慮すべき要素は異なります。

　これらの要素を総合的に考慮し、バランスのとれた内部統制システムを構築することが大切です。

248

社外コミュニケーション（特に投資家との対話）

1 社外取締役とステークホルダーとの 関係

　2020年7月31日に経済産業省から出された「社外取締役の在り方に関する実務指針（社外取締役ガイドライン）」において、「取締役」の役割は以下のように定義されています（下線は筆者。以下同じ）。

> 　取締役会の構成員たる取締役は、株主総会で選任され、会社との間で委任関係に立ち、会社に対する善管注意義務を負っていることから、株主からの付託を受けて、会社の持続的な成長と中長期的な企業価値の向上を図る観点から経営を監督することが基本的な役割と解される。

　また、会社を取り巻く様々なステークホルダーとの関係性については、以下のように整理されています。

> 　会社が持続的な成長と中長期的な企業価値の向上をしていくためには、従業員、顧客、取引先、債権者、地域社会等、株主以外のステークホルダーとも適切に協働することが不可欠であることを踏まえ、様々なステークホルダーの視点を取締役会に反映させることも重要になる。

250　│Chapter6│社外コミュニケーション（特に投資家との対話）

Part2
社外取締役必携基本マニュアル

さらに、「社外取締役」の役割は以下のように定義されています。

> 　社外取締役については、その要件として、当該会社及びその子会社における業務を執行していないこと等が定められている。
> 　社外取締役は、取締役として上記の基本的な役割を担うものであるが、特に社外取締役として<u>経営陣から独立した立場から、経営（経営陣による業務執行）の監督を行う役割が期待されている</u>。

　株主から付託を受けている社外取締役は、**経営陣から独立した立場で、経営の監督を行うことが最も重要**、またそれを短期的な視点ではなく、**中長期的視点で持続性を保つために、様々なステークホルダーの視点を取締役会に反映させる**ことも重要であると整理できます。

　まずは、社外取締役が最も重視すべき、株主・投資家（潜在的株主）とのコミュニケーションについて解説します。自分を社外取締役として選んでくれ、信頼して付託してくれた株主なのだから、コミュニケーションを取るのは当然のことでしょう。
　最後にその他のステークホルダーとのコミュニケーションにつき説明します。

251

2 | 機関投資家が社外取締役に 求める／期待すること

●───(1) 社外取締役との直接対話を求める機関投資家の意図

　最近、日本においても機関投資家が社外取締役との直接対話を求めることが増えています。これはある意味当然のことです。海外の企業では、筆頭独立社外取締役が存在し、機関投資家との対話を一手に引き受けていたりするのですが、日本ではまだ筆頭独立社外取締役を置いている会社はほとんどありません。

　筆頭独立社外取締役は、経営陣と株主・投資家の双方と積極的に対話し、その間の橋渡しをする重要な役割を持ちます。その役割を持つ社外取締役がいない場合、通常、機関投資家はIR担当役員と対話することになるのですが、IR担当役員のレベルは企業によってまちまちで、経営レベルの話ができる人もいれば、この人と話していても経営に声が届かない、という印象の人もいます。

　後者の場合だと、「直接社長に会わせてほしい」とか「社外取締役に会わせてほしい」ということになりがちです。

　また、IR担当役員が優秀でも、「執行に携わっていない独立した立場の社外取締役の意見を聞きたい」という場合もあります。

252　│ Chapter6 │ 社外コミュニケーション（特に投資家との対話）

Part2
社外取締役必携基本マニュアル

◉───(2) 機関投資家が社外取締役に最初に確認すること(総論)

　最近、IR説明会やESG説明会などに社外取締役を登壇させる企業が増えていますが、そこに出席している機関投資家は、社外取締役の発言内容から、**投資家と同じ目線や課題認識を持っているのか**を厳しくチェックしています。

　具体的には、どのような課題認識が、どの程度の粒度で議論されているのか、また議論の方向性が間違っていないかを確認したいのです。

　さらには、投資家自身がまだ気づいていない新たな課題認識がないか、を確認したいという意図もあります。

　怖いことに、多くの機関投資家は、「社外取締役の話を直接聞けば、その社外取締役がどの程度のレベルかはわかる」と言います。自分の得意なフィールドに持ち込んで延々と持論を展開する人、コーポレート・ファイナンスがわかっていないのでは、と疑われるような発言をする人、など残念な社外取締役も実際に多いという声もあります。

◉───(3) 良い社外取締役と悪い社外取締役

　企業価値向上を直接牽引するのは、執行サイドである経営陣(社内取締役)ですが、社外取締役の資質次第で、企業価値向上が促進されたり、逆に阻害されたりすることがあるので留意が必要です。

　良い社外取締役に囲まれていれば、経営陣が安心して果断にリスクを取ることができますが、悪い社外取締役に囲まれていれば、建設的な議論ができず、お互いに疑心暗鬼になり、負のスパイラルに陥っていきます。

　ここで、良い社外取締役と悪い社外取締役の特徴を整理してみます。

253

良い取締役と悪い取締役

良い社外取締役	悪い社外取締役
社内取締役が、この人になら監督されてもいいと思えるほど尊敬できる	社内取締役が遠慮するほどの威圧感があり、まともな議論ができない
十分な時間を使い、全身全霊で会社のことを考えている	兼任社数が多く、老後の小遣い稼ぎとしか考えていない
取締役会における自分の役割を理解し、建設的な発言を心掛けている	我田引水で、冗長な発言が多い。発言して議事録に残すことだけを意識している
ここまで議論を尽くしたのであれば、あとは連帯責任との意識をもって、経営陣の行動を後押しする	責任を取りたくないため、リスクを取ることに過度に消極的。リスクを指摘することが仕事と思っている
会社のことをよく知ろうとし、わからないことは自ら学習する意欲がある	自分の要望のために会社を振り回し、事務局を疲弊させる
いざとなったら社長と刺し違える覚悟を持っている	既得権益意識があり、任期いっぱいまで就任することしか頭にない

　どうでしょうか？「悪い社外取締役」の項目に当てはまるものがないか、ときどきチェックしてみてください。

　社外取締役就任当初は謙虚で意欲にあふれていても、数年経過すると悪い社外取締役の兆候が出てくる可能性もありますので、定期的にセルフチェックリストとして活用してみていただければと思います。

　社外取締役の役割を本当に果たそうとした場合、兼任したとしても3社がせいぜいだろうということが、納得いただけるでしょう。

　その会社のことを徹底的に理解し、建設的な意見が言えるようになるには2年はかかる、という社外取締役もいます。最初の2年は会社理解、次の2年でようやく会社への貢献、最後の2年は次へのバトンタッチを意識、という6年サイクルくらいがちょうどいいのかもしれません。

Part2
社外取締役必携基本マニュアル

　会社を生かすも殺すも社外取締役次第、といっても過言ではありません。良い社外取締役に囲まれた取締役会と、悪い社外取締役に囲まれた取締役会、どちらの会社の企業価値が上がりそうか、問うまでもないと思います。

　企業側のみなさんも、社外取締役候補者を招聘する際に、上記のチェックリストを意識してみることをお薦めします。

◉───(4) 社外取締役を通しての確認事項（各論）

1 「モニタリングがしっかりできているか」

　機関投資家が社外取締役に求めることは、第一義的には、「執行のモニタリングができているか」です。社外取締役は、株主の代表として送り込まれているのだから、自分たちの分身としての働きを期待している、というわけです。

　たとえば、PBR1倍割れの状態が長く続いていた会社があるとします。中期経営計画を3年ごとに出しているのですが、一度も目標数値を達成したことがありません。そのような会社の社外取締役に聞きたいことと言えば、当然、「PBRが1倍割れである要因や、中期経営計画が達成できなかった要因をどう分析しているか」「その要因を踏まえ、PDCAをどう回しているのか」ということでしょう。

　この質問に、投資家が納得する回答ができないのであれば、「モニタリングができていない」ということになります。

255

2 「ブレーキを踏みすぎていないか」

　モニタリングができているかの確認だけでなく、執行がアクセルを踏めるようにサポートしているか、という観点も重視されています。

　残念なことに、リスクを恐れて、ブレーキを踏むことだけに一生懸命になっている社外取締役が多いことも事実です。執行サイドがリスクを取って大型投資をしたいといっても、社外取締役に反対されて実行できない、というような事例も多く聞きます。

　日本企業が、リスクを果断に取ることができなかった結果、ここ何十年か、企業価値を向上させることができなかった、と言われていますが、その要因が、社外取締役によるブレーキのかけすぎにあるのかどうか、ということを投資家は確認したいのです。

　ブレーキをかけることは簡単です。「●●は検討したのか？」「●●のリスクは取れるのか？」と「したり顔」で言っていればいいのですから。そういう社外取締役は、ブレーキをかけすぎることで、企業の成長の可能性を阻害しているというマイナス面に全く気付いていません。

　アクセルを踏むことをサポートするほうが、ブレーキを踏み続けるよりよっぽど難易度が高いのです。**経営陣とリスクと責任を共有できる「健全な勇気を持つ」**社外取締役がいる会社は、企業価値向上の余地が大きい、と機関投資家は考えます。

256 　│Chapter6│社外コミュニケーション（特に投資家との対話）

Part2
社外取締役必携基本マニュアル

❸「取締役会でどのような議論がなされ、社外取締役はどのような意見を述べているか」

　機関投資家は取締役会での議論の状況を知りたがっています。例えば、社運をかけるような大型M&Aを決議したときに、どのような議論があったのか、MBO（マネジメント・バイアウト）を決議したときに、何を重視して決めたのか、など会社の重要な意思決定の際に、社外取締役は、株主の代表としての役割を果たしたのかを確認したいのです。

　具体的にはそのような重要な場面で社外取締役はどういう発言をしたのかを、社外取締役本人の口から聞きたいと思っています。社内取締役やIR担当役員から間接的に聞くよりもリアリティがあるからです。

　取締役会での普段の議論の状況は、取締役会実効性評価の開示でも、ある程度は把握できるのですが、木で鼻をくくったような開示をしている会社が多いため、直接確認したいという声が多く聞かれます。

　このときに、気を付けたいのは、最初にも述べたように、機関投資家は「話せば社外取締役のレベルがわかる」ということです。もちろん、機関投資家に会う前に、想定Q&Aなどを準備し練習することもできますが、日頃、どれだけその会社のことを真剣に考え、取締役会の場でどれだけ真剣に発言しているのかが、対話の中に染み出てくることを忘れないでください。

257

4 「いざというときに社長をクビにできるか」

　社外取締役の一番重要な役割は、「いざというときに社長をクビにできる」ということにあります。社長が長年、企業価値向上に貢献していない、あるいは企業価値を破壊しているようなときに、退任を要求するのは、なかなか社内取締役にはできません。そういうときこそ、経営陣から独立し、株主から付託を受けている社外取締役の出番です。

　法定であれ任意であれ、指名委員会を設置している会社は増えており、社外取締役が過半数で構成されたり、委員長が社外取締役であったりする会社も多くなっていますが、機関投資家は、まず、指名委員会がどこまで社長の指名に関して実質的な権限を有しているか、を確認したいのです。

・社長の再任基準を設けているか？
・社長のパフォーマンス評価はどのように行っているか？
・CEOサクセッションプランは機能しているか？
・最後は社長と刺し違える覚悟はあるか？

　指名委員会のメンバーであれば上記質問に責任をもって答えられる必要がありますし、指名委員会でなくても、取締役会メンバーとして状況を理解しておくことは当然の責務と言えます。

258　│ Chapter6 │ 社外コミュニケーション（特に投資家との対話）

Part2
社外取締役必携基本マニュアル

5 「ファイナンス・リテラシーがあるか」

　東証による「PBR1倍割れ問題」の指摘や「資本コストを意識した経営」が叫ばれる中、取締役（社外取締役に限らない）のファイナンス・リテラシーが非常に重要視されてきています。

　しかし、日本企業は十数年くらい前までは、「株価は市場が決めるので、企業がコメントするものではない」とか、「株のコストは配当くらいなもの」など、およそファイナンス・リテラシーのない発言がはびこっていました。
　ここにきて、**「株主資本コストは負債コストよりも高い」**、**「株主資本コストを上回るＲＯＥを上げなければ企業価値を毀損する」**というような概念が徐々に浸透してきてはいますが、十数年前にどこかの企業で社長をしていたような社外取締役は、理屈ではわかっていても腹落ちしていない人も多いのです。銀行出身の、デット・ガバナンスの世界でずっと生きてきた社外取締役や、弁護士など士業の人たちも、この分野が得意でない人が意外と存在します。

　機関投資家は、まさに「ファイナンス・リテラシー」の世界で生きているため、ここが腹落ちしていない社外取締役とは、まったく会話がかみ合いません。機関投資家と対話する前には、最低限、ファイナンス理論の本を何冊か読破しておくことをお薦めします（章末にお薦め本を挙げておきます）。

3 | 機関投資家と対話する際に 留意すべきこと

　ここまで、機関投資家が社外取締役と対話する際に、確認したいポイントを説明してきました。ここからは、実際に機関投資家との面談がセットされた場合、あるいはＩＲ説明会で、社外取締役として発言しなければならない場合などを念頭に、事前に準備しておくべきことをお伝えします。

◉──(1)コーポレートガバナンス・コードの徹底理解

　まずは、「コーポレートガバナンス・コード」[31]の理解です。これは、投資家と対話をする場合の基本となる共通言語です。できれば、投資家側の理解を進めるためにも、コーポレートガバナンスと両輪である「**スチュワードシップ・コード**」[32]も読んでみてください。

　もちろんこの本の中にもエッセンスは入っていますので、まずそれを読んでいただき、全容をつかんでから、原文に当たってみることをお薦めします。

　そして、自社のコーポレートガバナンス・コードの遵守状況を、１つずつ確認してみてください。自社が出しているコーポレートガバナンス報告書に、コーポレートガバナンス・コードの遵守状況が記載されていますので、それを参考にしてみるとよいでしょう。実態に即した記載になっているのか、批判的な目で見てみることもお薦めです。

260 │ Chapter6 │ 社外コミュニケーション（特に投資家との対話）

Part2
社外取締役必携基本マニュアル

◉───(2) 会社に対する理解

　機関投資家と面談した際に、会社のことを聞かれる可能性があります。
「会社の資本コストはどの程度の水準だと認識していますか？」や「女性
の管理職比率は、現在何％ですか？」などです。

　それらの質問にさっと答えられないとしたらどうでしょうか？　社外取
締役としての適性を疑われてしまっても仕方がないと思います。ですので、
最低限、会社の重要な数値や情報は頭に入れておくようにしましょう。

　会社のことを理解するのに最も良い資料は、「有価証券報告書」と「統
合報告書」です。小さい会社ですと、「統合報告書」を作成していない会
社もありますので、その場合は「株主報告書」や「CSR報告書」、または
ホームページなどで代替してください。

　有価証券報告書でぜひ確認しておきたいのは、**株主構成**です。自社の株
主構成はどうなっているのか、外国人株主は何％なのか、大株主にはどう
いう顔ぶれがいるのか、などざっくりでいいので、把握しておくといいで
しょう。

　機関投資家は、その会社に投資しているわけですから、会社のことを詳
しく分析しています。そうでないと株は買えないからです。

　公開情報を中心に会社を分析している投資家よりも、会社で取締役会に
も出席している社外取締役のほうが、会社のことを知っているのは当たり
前、という感覚で投資家は迫ってきます。会社に関する基本的な情報はし
っかりと頭に入れて、面談に臨んでください。

　さらに余裕があれば、同業・競合他社における上記事項を把握しておく
ことも有用です。

261

◉────（3）コーポレート・ファイナンスの徹底理解

　ファイナンス・リテラシーが重要、ということを先にも述べましたが、ファイナンス・リテラシーとは具体的に何でしょうか？　それは、コーポレート・ファイナンス理論の理解です。コーポレート・ファイナンス理論とは、いろいろな定義がありますが、一言でいうと、**「企業価値を高めるためには何が必要か」**を理解し、**説明できること**です。

　2023年8月31日に経済産業省から公表された「企業買収における行動指針」において、「企業価値」は以下のように定義されています。

> 　企業価値とは、会社の財産、収益力、安定性、効率性、成長力等株主の利益に資する会社の属性またはその程度をいい、概念的には、企業が将来にわたって生み出すキャッシュフローの割引現在価値の総和である。

　つまり、企業価値は定量的に測れるものと定義されているのです。
　さらには、定性的な価値を強調することの懸念まで示されています。

> 　企業価値を資本の調達源泉の側面から見れば、企業価値は株主価値（市場における評価としては時価総額）と負債の合計として表される。会社の経営を通じて企業価値を向上させることは、市場の評価を通じて株式の時価を高めることにより、株主全体の利益（株主共同の利益）に資する関係にある。また、「企業価値」は定量的な概念であり、対象会社の経営陣は、測定が困難である定性的な価値を強調することで、「企業価値」の概念を不明確にしたり、経営陣が保身を図る（経

> 営陣が従業員の雇用維持等を口実として保身を図ることも含む。）ための道具とすべきではない。

　社外取締役は、「企業価値」という、得てしてふんわりした評価として使われがちな言葉で語るのではなく、資本市場における厳然たる評価がついている「株価・時価総額」で会社を語れるようにすることが極めて重要です。

　自社の株価は、現在、割安なのか、割高なのか？　割安であるとすれば、何が要因なのか、その要因を解決するためには、何をしなければいけないのか。このあたりの問いに明確に答えられなければ、投資家から「社外取締役失格」の烙印を押されてしまうので留意が必要です。

　また、最近では、資本効率を高める経営が重視されています。過去に稼いだ利益を内部留保として積み上げ、気が付いたらキャッシュリッチで自己資本比率が70%を超えているような会社に、「もっと増配しろ、自己株取得しろ」という提案が、アクティビストなどから来たときに、何を考えなければならないか、想像してみてください。

　「せっかく貯めてきたキャッシュを、ついこの間株主となったばかりのアクティビストのために吐き出すなんて、いかがなものか」と考えるのか、「今の配当性向のまま、数年たったら、ROEが上がらなくなるのではないか」と考えるのかで、会社が取りうる方策は180度変わります。

　どちらが、コーポレート・ファイナンスの理論に合致しているかは、この本を読んできた読者であれば、おわかりになるはずです。

ファイナンス・リテラシーを身につけるためには、コーポレート・ファイナンスの基本書を読んで理解することも重要ですが、単に用語を理解するだけでは足りません。資本市場や株価形成の仕組みや、投資家の考え方なども意識する必要があります。

　さらに、日頃から取締役会において、このような視点での議論がなされるように、社外取締役からも積極的に審議事項として取り上げてもらうように要請するなど、働きかけていくことが望まれます。

●───（4）社外取締役としての矜持

　事前準備の最後は、社外取締役としての矜持です。

　自分は何のためにこの会社の社外取締役を引き受けているのか、自分の役割は何か、ということを自問自答してみてください。

　株主からの付託を受けた者として、全身全霊で会社の企業価値向上に向き合っているか、いざとなったら社長と刺し違えても、社長をクビにすることができるのか。そのような覚悟を持った社外取締役であれば、投資家からどんな質問が来ても怖いことはないでしょう。

　誰でも、最初に投資家と対峙する場合、緊張するのは当たり前です。ただ、できる限りの準備をして臨み、機関投資家の意見に真摯に耳を傾けることで、これまで気づかなかった視点に気づかされることも多いと思います。

　その新たな視点をもって、また取締役会に臨むことで、真の社外取締役に近づいていくことが可能になります。

264　│Chapter6│社外コミュニケーション（特に投資家との対話）

Part2
社外取締役必携基本マニュアル

　けっして投資家に迎合しろと言っているわけではありません。会社を外から見ている投資家の意見と、会社を中から見ている自分（社外取締役）の意見の相違点を明確にしつつ、ときに尊重し、ときに毅然と拒絶しながら、「持続的な成長と中長期的な企業価値向上」という目的達成のために行動する、それが社外取締役に求められる役割であると思います。

4 | 各ステークホルダーとの コミュニケーション

　最後に、株主・投資家以外のステークホルダーとのコミュニケーションについて説明します。この章の冒頭で説明した通り、株主・投資家以外のステークホルダーとのコミュニケーションは、それそのものが目的ではなく、そこでの対話で得られた示唆や、ステークホルダーの視点を取締役会に伝え、持続的な成長と中長期的な企業価値向上に役立てていくことが重要な点です。

■ 従業員とのコミュニケーション

　社内取締役とは、毎月1回程度は取締役会で顔を合わせることになりますが、執行役員や幹部社員などとは、意識的に機会を設けなければ、直接対話することはできないでしょう。取締役会の場でしか、その会社のことを知らなければ、会社にとってベストといえる発言や判断はしづらいはずです。

　幹部社員や従業員と直接話すことで、会社のカルチャーや課題意識などが自ずと見えてくるものです。ぜひ、積極的にそのような機会を設けてもらうよう、働きかけをしてください。

　最近では、女性の社外取締役が経営幹部候補の女性社員とタウンホール

266　│ Chapter6 │ 社外コミュニケーション（特に投資家との対話）

ミーティングなどを開くケースも増えています。社内に女性のロールモデルがいない場合、社外の女性取締役がその役割を果たすことに一役買っているようです。社内では上がりにくい女性社員の声を直接取締役会に忖度なく取り上げてくれる社外取締役がいたら、どんなに心強いことでしょう。

　よく、「社内の常識は社会の非常識」と言われることもありますが、従業員の声を聞いているときに、「社内の非常識」を感じた場合は、ぜひそれを取締役会で議論してみてください。そこに現状を打破するカギがあるかもしれません。

② 顧客とのコミュニケーション

　社外取締役が顧客と直接コミュニケーションをとる機会は少ないかもしれません。消費財を扱う会社であれば、自らが顧客という視点を持って発言することもできるでしょう。もう少し踏み込むとすれば、自分の周りにいる顧客層にヒアリングするなどして、自分以外の顧客の声を届けることもできます。ただ、これについては、優先順位はそれほど高くはありません。できる範囲でかまいません。

③ 取引先とのコミュニケーション

　取引先とのコミュニケーションについても、通常ではなかなか機会はないでしょう。経営経験者である社外取締役で、業界慣行やサプライチェーンなどに詳しい人であれば、自らの経験に基づき、アドバイスや指摘をすることも可能だと思いますが、その際、ぜひ気をつけていただきたいことがあります。

それは、自分が知っている世界をそのまま当てはめないでください、と
いうことです。自分が経営していたときと、外部環境がまったく変わって
いる場合もあります。持っている経営資源に違いがある場合もあります。
会社によって強み・弱みも違います。そこをわきまえたうえで、適切な情
報提供を心掛けてください。

4 債権者とのコミュニケーション

　債権者とのコミュニケーションが問題となってくるのは、経営再建が必
要な会社で、銀行の支援などが必要になった場合が考えられます。再建計
画を立て、それを債権者である銀行に説明をし、納得してもらうというプ
ロセスの中で、社外取締役が果たすべき役割は大きいと言えます。上場し
たまま経営再建を目指す場合は、まずは債権者とのコミュニケーションが
重要になりますが、その先の企業価値向上、株価向上も見据えて動く必要
があります。社外取締役は株主から付託を受けているのですから、そこを
忘れないでください。

5 地域社会とのコミュニケーション

　地域社会とのコミュニケーションの目的は、企業が属する地域社会で受
け入れられているのか、地域社会に貢献しているのか、を知ることにあり
ます。企業も地域社会の一員です。そこでの立ち位置がしっかりしていな
ければ、持続的な成長や中長期的な企業価値向上は果たせません。
　地域社会を巻き込んだ企業のイベントなどがあれば、ぜひ積極的に参加
してみてください。そこに参加する家族や地域の人から、率直な意見を聞
いてみるのも、企業の理解や、課題の発見の大きな助けになるでしょう。

Part2
社外取締役必携基本マニュアル

column|9

機関投資家との対話において、
最近関心の高いテーマとは？

一般的に関心の高いテーマは以下の通りです。

● **基本テーマ**

・事業ポートフォリオ戦略（特にコングロマリット企業の場合）

・成長戦略（次の５年～１０年後に何で稼いでいるのか）

・資本コストや株価を意識した経営

・人的資本戦略

・取締役会の実効性評価

最近では、上記に加え、以下のテーマの関心も高まっています。

● **応用テーマ**

・サプライチェーン・マネジメント

・デジタル・ガバナンス[33]

・知的財産戦略

基本テーマは、企業価値向上に直結するテーマが多いですが、応用テーマは、企業価値向上の阻害要因がないかを探るためのものです。まずは、基本テーマについて自らの言葉で課題意識を話せるようにすることが重要で、余裕があれば応用テーマについても、取り組んでみてください。

もし、まだ取締役会で議論が進んでいないようでしたら、取締役会のアジェンダに組み込むことを提案してみるのもよいでしょう。

269

ファイナンス・リテラシーを高めるお薦め参考文献

三位一体の経営 －経営者・従業員・株主がみなで豊かになる－
中神康議 著 ダイヤモンド社
「働く株主®」である長期投資家の視点から、企業価値を上げる経営を学ぶ

「モノ言う株主」の株式市場原論
丸木 強 著 中公新書ラクレ
アクティビストが解説する資本市場のルール

企業価値経営 －資本生産性とサステナビリティをいかにして共に高めるか？－
伊藤 邦雄 著 日本経済新聞出版
ファイナンス理論の基礎から実務まで学べる教科書的な本

コーポレートファイナンス 戦略と実践
田中慎一、保田隆明 著 ダイヤモンド社
投資銀行出身の著者が「株式市場」の視点を重視して実践的に解説

略奪される企業価値－「株主価値最大化」がイノベーションを衰退させる－
ウィリアム・ラゾニック、ヤン－ソプ・シン他 著 東洋経済新報社
ファイナンス理論に精通した後に読むべき応用編

財務諸表分析
桜井 久勝 著 中央経済社
会計の基本知識のインプットと、その知識を用いた企業の財務面での評価手法を学べる

［決定版］新・ほんとうにわかる経営分析

高田 直芳　著　　ダイヤモンド社

経営分析をなぜ？という観点から掘り下げて学べる

MBAバリュエーション（日経BP実戦MBA2）

森生 明　著　　　日経BP社

企業価値評価について、理論と実務上の手法を基礎から解説

ファイナンス思考 日本企業を蝕む病と、再生の戦略論

朝倉 祐介　著　ダイヤモンド社

資本コストを意識して事業ポートフォリオを組成する必要性を、経営側の立場から理解できる

注

31) 東京証券取引所
コーポレートガバナンス・コード
chromeextension://efaidnbmnnnibpcajpcglclefindmkaj/https://www.jpx.co.jp/equities/listing/cg/
tvdivq0000008jdy-att/nlsgeu000005lnul.pdf

32) 金融庁「責任ある機関投資家」の諸原則 ≪日本版スチュワードシップ・コード≫
chromeextension://efaidnbmnnnibpcajpcglclefindmkaj/https://www.fsa.go.jp/news/r1/
singi/20200324/01.pdf

33) デジタル・ガバナンス
組織におけるリスク管理と意思決定プロセスの基盤をなすテクノロジーとデジタル事業活動を、モ
ニタリング、コントロールするための仕組み

おわりに

最近、「将来、社外取締役になりたい」という20代の女性も増えている
そうです。

若い女性が取締役になりたいと高い志を持つことは素晴らしいことです。
一方で、「なんで」社外取締役になりたいのか？　という点は気になりま
す。

ドットコムバブルの頃、「将来、社長になりたい」という大学生が多く
いました。私は「社長は手段であって、目的じゃないのにな」と思ってい
ました。社外取締役も同様で、「なんで」という目的を持つことが大切で
す。

Part1 Chapter1にも記載しましたが、もともと社外取締役への期待値は
「企業が世界で戦えるように、経営者を後押しする役割」です。

アメリカで1年働いてみて、今の日本企業が世界で戦うのは、残念なが
ら難しいと感じました。

経営層の価値観がモノカルチャーで、これでは海外市場どころか日本市
場の顧客ニーズすら正しく捉えられないのではないでしょうか？

また終身雇用、年功序列制度により、属人的な業務プロセス、評価制度
が形成され、非効率になっています。

これらを変えていかなければいけないのです。それが社外取締役の担うべき役割だと私は考えます。

昔、企業の変革を進める経営者の方がこんなことを仰っていました。

「人を動かすのは、ロジックとパッションだ」

本書ではみなさまのロジックの力を高めるべく、内容を構成しました。

あとは、みなさまお一人おひとりのパッションにかかっています。

女性社外取締役の力で、日本企業を変えていけるように、これからも自分ができることに取り組んでいこうと思っています。

最後までお読みいただきありがとうございます。

少しでも、みなさまの力になれていたら幸いです。

大塚泰子

編纂ならびにPart1及びPart2 Chapter2執筆

デロイト トーマツ ファイナンシャルアドバイザリー合同会社

パートナー サステナビリティアドバイザリー統括

京都大学法学部卒業後、グローバル総合系コンサルティングファームにおいて、新規事業戦略策定、中長期の成長戦略策定、中期経営計画検証、ビジネス・デュー・デリジェンスといった領域に携わる。その後は、ハンズオンでの経営統合支援業務に従事。外資系IT企業のコンサルティング部門においてサステナビリティー・コンサルティングの日本リーダーを務め、2022-2023年、米国本社（ニューヨーク）に出向。2023年より現職。約20年間の経営コンサルティング経験を持つ。2021-2022年、オンラインメディア企業の社外取締役。京都大学経営管理大学院　客員准教授（現職）。

女性のエンパワメントを中心に、社会に対してのポジティブインパクトにも取り組んでおり、2024年、女性エンパワメントコミュニティ「Toget-HER」の立ち上げおよび運営リード　https://toget-her.jp/about

本原稿を書き上げているまさに今、東証一部上場企業の不祥事が立て続けに起き、代表取締役社長の即時辞任、株主である海外投資ファンドやスポンサーといったステークホルダーからの辞任要求含む責任追及がなされています。SNS上での厳しい言葉も枚挙にいとまがありません。その主原因は、内部統制の機能不全と経営職層のコンプライアンス認識の甘さです。

「ここまで事が大きくなるとは思っていなかった」、「もっと早く、もっと広く、他の取締役やコンプライアンス部門に相談すればよかった」といった会長、社長の言葉が並びます。目先の問題を最小限の労力で、事なかれ主義で終わらせようとしたのではないか、と思ってしまいます。

　コスパ、タイパが持て囃されている昨今において、「遠回りが一番の近道」であることを胸に刻み、あえて時間をかけ、「情熱をもって」「誠実に」向き合うことが大切なこともあるのではないでしょうか。
　そして、女性社外取締役が効果的に機能する企業であるというのはまさにそれではないでしょうか。

　社外取締役が役割を十分に果たすための、会社が構築すべきサポート体制・環境は、経産省「社外取締役の在り方に関する実務指針」にも記されています。企業、取締役会メンバーがやるべきことはわかっているのです。
・企業は、取締役会事務局に体制・環境を作らせ、それで満足していませんか？
・取締役会メンバーは、自社で定めた体制・環境の中身を理解していますでしょうか？
・取締役会メンバーは、女性社外取締役と良きコミュニケーションをとっておりますでしょうか？　信頼関係はありますか？　適度な緊張関係はあ

りますか？

・取締役会メンバーに、アンコンシャスバイアスはありませんか？どこか
で性別に基づく偏見やステレオタイプが存在していませんか？

　言うは易く行うは難し。何が近道・正解なのかわかりにくい。効果が出
るのに時間がかかる。

　だからこそ、企業・取締役会メンバーは、社外取締役の役割を含む必要
な知識を身につけ、情熱をもって誠実に「今」取り組む必要があるのだと、
私は思います。

　本書が「今」その一歩を踏み出す一助になりましたら幸いです。

石川　仁史

Part2 Chapter1及びChapter5担当

デロイト トーマツ ファイナンシャルアドバイザリー合同会社

マネージングディレクター Strategy（法務戦略・人事労務戦略チーム）

グローバルゲームプラットフォーマー、総合電機メーカー、コンサルティングファームの法務部門
にて、契約法務、機関法務（ガバナンス）、紛争対応、コンプライアンス、人事・労務、新規
事業・M&A・海外展開サポート、子会社管理等、幅広い業務に従事。

現職では、クライアントの法務戦略及び人事戦略の策定から実行までをシームレスに支援する
「法務戦略・人事労務戦略チーム」のリードとして、インダストリーを問わず、ガバナンス・法務・
人事労務・AI・DX領域等のサービスを通じて、経営戦略の実現を支援。「Toget-HER」の立
ち上げ・運営に係る法務・リスクガバナンス全般を統括。

昨今は、アクティビストが勢いを持ち、アクティビストが社外取締役と一人一人面談したいと要求するような状況になっておりますが、彼らが求めているのは、社外取締役それぞれが、ファイナンス知識を十分に持って、社外取締役としての職務に臨んでいるか、というところにあります。そのため、社外取締役は、専門分野での見識が期待されているとしても、ファイナンス知識、そして、その基礎となる財務／会計の知識は、必須になっていると言えます。

　社外取締役として適切な人材をアサインする、という観点では、財務／会計の知識は、最低限必要なものとなり、最低限必要なものを理解しているという前提で、女性、マイノリティといった多様性を確保するというのが原則となります。

　ただ、まだまだ、原則を満たす適任者が潤沢に存在しているという状況ではないのが実情です。財務／会計の知識は、社外取締役としての必須知識であることから、必須知識として、社外取締役を選ぶ側から、候補者となり得る方にしっかりとインプットしていくという仕組みなどを構築することも考えられます。

　本書では、財務／会計の基礎知識から、その広がりの先であるファイナンスの部分まで触れております。社外取締役を選ぶ人の観点でも、社外取締役として選ばれる人の観点でも、財務／会計の基礎知識を深めていく一助となれば、幸いです。

熊谷　圭介
Part2 Chapter3担当

デロイト トーマツ ファイナンシャルアドバイザリー合同会社

パートナー バリュエーション＆モデリング

大手監査法人の金融監査部、大手投資銀行の株式調査部を経て現職。主にテクノロジーセクターのクロスボーダーM&A案件に従事している。2017年から2020年までデロイトサンパウロ事務所に出向し、新興国での案件形成から遂行まで経験しており、困難な状況での対応や、多様性を生かした、グローバル・サービス横断の連携に強みがある。公認会計士。

執筆協力

遠矢　響希
デロイト トーマツ ファイナンシャルアドバイザリー合同会社

渡辺　楽都
デロイト トーマツ ファイナンシャルアドバイザリー合同会社

人材（従業員）と企業の関係を考えるとき、「労使（労働者と使用者）」という言葉が浮かびます。会社（使用者）が従業員（労働者）の上に立つという構造が当たり前だった時代もあるようですが、従業員がいなければ事業運営や発展ができないことを考えれば、労働力不足の現代は、会社が従業員を大切にしないといけない時代です。だからと言って、会社が従業員に媚びへつらう関係性も健全とは言えないでしょう。

　従業員と会社は「対等」であり、それぞれの価値観を尊重し、それぞれの成長や発展に寄与しあえる関係の構築ができているのが、良い企業なのではないでしょうか？
　そのような関係構築を志向するならば、会社（使用者）も多様な人材、多様な価値観を持つべきであり、それが取締役会の多様化につながるのだと思います。

　企業の経営者や役員人事の担当部署の方から、「どのような社外取締役を選べばよいかわからない」「社外取締役にどこまで会社のことを理解いただき助言いただけるのかわからない」といった声を聞きますが、自社の経営層にいない人材を選び、自社のことを知らずとも自由な意見や発言をしていただければよいのではないでしょうか？
　重要なことは、社外取締役も社内取締役も従業員も、自社の経営理念の実現と自社と自身の成長や発展に共に力を尽くしていくという共通の目標を持っていることだと思います。

　本書が、社外取締役の多様性に向け、社外取締役を目指すみなさまと社外取締役を選任する企業のみなさまのご参考になりましたら幸いです。

石原　有希

Part 2 Chapter4担当

デロイト トーマツ ファイナンシャルアドバイザリー合同会社

ディレクター Strategy（法務戦略・人事労務戦略チーム）

大手鉄道会社の人事部門に在籍し、人事戦略の策定や労働政策に係る施策立案を実施後、シンクタンク系コンサルティングファームに転職し、人事制度の改定支援を中心とした組織人事コンサルティングや役員指名報酬制度の構築支援などを主導。現職では、人事労務戦略チームの主担当として、M&Aや会社設立等の組織再編など企業の変革期における人事労務領域のアドバイザリーを幅広く行っている。

「社外取締役わらしべ長者」という言葉をご存じでしょうか？　最近は、機関投資家や議決権行使助言会社が、女性取締役がいないことを理由にCEOの選任議案に反対したり、2030年にはプライム企業に対し女性取締役を30％以上にすることを義務付ける政府の方針が出たりしているので、女性取締役の候補はどこでも引っ張りだこです。それに乗じて、女性取締役候補の方で、勘違いをする人が出てきていることも事実です。

「今すでに4社の社外取締役をやっているけれど、もっといい会社があれば、5社目も引き受けたい」とか、「次は時価総額1兆円以上の有名企業の社外取締役をやりたい」など、公言して憚らない方もいらっしゃいます。

　最初は小さなスタンダード企業の社外取締役を引き受け、徐々に時価総額の大きな有名プライム企業の社外取締役の座を虎視眈々と狙う、まさに「社外取締役わらしべ長者」戦略の女性取締役候補に出会うと、「本当にこんな女性社外取締役ブームでいいのだろうか」と思ってしまいます。

　日本企業の経営者は、今、岐路に立たされています。これまでは、財務の安定性が第一で、配当を抑えて現預金を溜め込み、不測の事態に備えてきたのに、最近では、東証からPBR1倍割れの対応方針を出せと言われたり、アクティビストから株主提案を受けたり、はたまた「同意なき買収」を突然しかけられたりと、一番大事な本業に集中できないほどの、さまざまな経営課題に直面しています。

　そのような中、頼りになるのは社外取締役です。これまで連綿と受け継がれてきた社内の論理ではなく、社外の立場から客観的かつ冷静に企業価値向上に資するアドバイスをしていただいたり、執行側が暴走しそうな場合はブレーキをかけたり、さらには、執行がアクセルを踏むことを躊躇している場合は背中を押したりと、その役割・使命は広範かつ多様です。

これまでは、社外取締役の人数、割合・スキルを形式的に整えることが先行していましたが、これからは、質が問われます。機関投資家が社外取締役に会って話がしたい、というのも、社外取締役が、その会社の企業価値向上に果たす役割が大きいと考えているからにほかなりません。

　社外取締役になることは、ファッションでも見栄でも、老後の道楽でもありません。場合によってはその会社の生殺与奪を握る場面も出てくるかもしれません。その覚悟はできていますでしょうか？

　わたしは、日本企業を強くしたい、と思っています。そのためには、志ある社外取締役の存在が必要不可欠です。
　この本が、現在社外取締役である方はもちろん、将来社外取締役になりたいと思っている方の一助になれば幸いです。

古田　温子
Part2 Chapter6担当

デロイト トーマツ エクイティアドバイザリー合同会社 代表執行役社長

一橋大学商学部卒業後、日系大手証券会社の投資銀行部門にて、新規事業開発に従事。アクティビスト対応や敵対的買収防衛のアドバイザリー業務に携わる。その後、5年間の子育て専念期間を経て、IR・SRコンサルティング会社に参画。自社のIR担当役員として機関投資家との対話を行うとともに、アクティビスト対応業務、中期経営計画策定支援に従事。人事・ガバナンス専門会社を経て、2024年4月より現職。一貫して資本市場に関わる中、日本企業の自律的な企業価値向上の支援に向き合う。

編集後記

　雑誌ならともかく書籍の編集者が編集後記を書くなんて顰蹙ものかもしれないが、本書ばかりは許されるだろうと、書かせていただく。というのも、本書はまさに、「女性社外取締役のための、女性社外取締役による、女性取締役の本」。早い話が、編著者の大塚泰子さんも、編集担当であり版元社長である私自身も「女性社外取締役」だからだ（大塚さんは「元」ではあるが）。これは希少価値ではないか？　少なくとも女性社外取締役の本には存在しない。そもそも、そういう本自体、ほとんど出ていないからでもあるが…。

　しかし、出ていないのが不思議なくらい、昨今、社外取締役を目指す女性たちが増えている。少なくとも、増えていると見込んで彼女たちを対象とした講座は急増している。
　大手コンサルファームに在籍しながら某グロース系の企業の社外取締役に就任した大塚さんに、本書の企画をもちかけたのは、3年ほど前だ。でも、類書がないということは需要がない、ということでもあり、また、あえて女性向けとする理由も、ありそうで、ない、と時機をうかがっているうちに、気がついたら、まるでファッションのようにキャリアのゴールとして女性社外取締役を挙げる若い女性たちが増えているというではないか。これは、いかん！　と、大塚さんに一気に執筆を進めていただいたわけである。

　なぜ、いかん！　かといえば、まず、その責任と問われる知見も知らず、ただ楽して高収入でかっこいいという勘違いから目指す女性が増えてほしくないから。それは、結果として女性の地位を貶めることになる。そればかりか、社外取締役の本来の目的、すなわち企業と日本経済の持続的革新的成長と価値向上に寄与しない。そして、もう1つの理由は、若いうちのキャリアのゴールはやっぱり経営者にしてもらいたいな、と個人的には願うからだ。
　本文にもある通り、社外取締役はあくまで監督役。経営者のように自らの責任で執行する人ではない。株主のように自腹を切る人でもない。若い人には、まずは執行、すなわち重責の伴う経営の醍醐味を知ってもらいたい。そして、女性ならではのクリエイティヴィティで、革命を起こしてもらいたい。人の執行にあれこれ言うのは、その後でいい。というか、そのくらいの気骨と実績のある人が行うのが、社外取締役じゃないか？

　とまあ、本書にそぐわず、かつ自分で自分の首を絞めるようなことを書いてしまったが…企業の方々にも本書をお読みいただき、そういう女性をこそ選任して、本来の目的に向けて十分に「活用」していただきたいという思いも込めて、本書を世に出します。

BOW BOOKS　干場弓子

BOW BOOKS 032
女性社外取締役のリアルガイド

発行日　2025年2月28日　第1刷

著者　　大塚泰子・石川仁史・熊谷圭介・石原有希・古田温子
発行人　干場弓子
発行所　株式会社BOW&PARTNERS
　　　　https://www.bow.jp　info@bow.jp
発売所　株式会社 中央経済グループパブリッシング
　　　　〒101-0051　東京都千代田区神田神保町1-35
　　　　電話 03-3293-3381　FAX 03-3291-4437

ブックデザイン　　　遠藤陽一　（DESIGN WORKSHOP JIN）
図版　　　　　　　　トモエキコウ(荒井雅美)
編集協力＋DTP　　　BK's Factory
校正　　　　　　　　株式会社 文字工房燦光
印刷所　　　　　　　中央精版印刷株式会社

ⓒToger-HER assoc. 2025, Printed in Japan　ISBN 978-4-502-53651-9
落丁・乱丁本は、発売所宛てお送りください。送料小社負担にてお取り替えいたします。
定価はカバーに表示してあります。
本書の無断複製、デジタル化は、著作権法上の例外を除き禁じられています。

BOW BOOKS

001 リーダーシップ進化論
人類誕生以前からAI時代まで

酒井 穣
2200円｜2021年10月30日発行
A5判並製｜408頁

壮大なスケールで描く、文明の歴史と、そこで生まれ、淘汰され、選ばれてきたリーダーシップ。そして、いま求められるリーダーシップとは？

002 ミレニアル・スタートアップ
新しい価値観で動く社会と会社

裙本 理人
1650円｜2021年10月30日発行
四六判並製｜208頁

創業3年11ヶ月でマザーズ上場。注目の再生医療ベンチャーのリーダーが説く、若い世代を率いる次世代リーダーが大切にしていること。

003 PwC Strategy&の
ビジネスモデル・クリエイション
利益を生み出す戦略づくりの教科書

唐木 明子
2970円｜2021年11月30日発行
B5判変型並製｜272頁

豊富な図解と資料で、初心者から経営幹部まで本質を学び、本当に使える、ビジネスモデル・ガイド登場！

004 哲学者に学ぶ、問題解決
のための視点のカタログ

大竹 稽／
スティーブ・コルベイユ
2200円｜2021年11月30日発行
A5判並製｜288頁

哲学を学ぶな。哲学しろ。ビジネスから人生まで、デカルトからデリダまで33人の哲学者たちによる50の視点。

005 元NHKアナウンサーが教える
話し方は3割

松本 和也
1650円｜2021年12月25日発行
四六判並製｜248頁

有働由美子さん推薦！
「まっちゃん、プロの技、教えすぎ！」スピーチで一番重要なのは、話し方ではなく、話す内容です！

006 AI時代の
キャリア生存戦略

倉嶌 洋輔
1760円｜2022年1月30日発行
A5判変型並製｜248頁

高台(AIが代替しにくい職)に逃げるか、頑丈な堤防を築く(複数領域のスキルをもつ)か、それとも波に乗る(AIを活用し新しい職を創る)か？

007 創造力を民主化する
たった1つのフレームワークと
3つの思考法

永井 翔吾
2200円｜2022年3月30日発行
四六判並製｜384頁｜2刷

本書があなたの中に眠る創造力を解放する！
創造力は先天的なギフトではない。誰の中にも備わり、後天的に鍛えられるものだ。

008 コンサルが読んでる本
100＋α

並木 裕太 編著
青山 正明+藤熊 浩平+白井 英介
2530円｜2022年5月30日発行
A5判製｜400頁

ありそうでなかった、コンサルタントの仕事のリアルを交えた、コンサル達の頭の中がわかる「本棚」。

BOW BOOKS

009 科学的論理思考のレッスン

高木 敏行／荒川 哲
2200円｜2022年6月30日発行
A5判横イチ並製｜212頁

情報があふれている中、真実を見極めるために、演繹、帰納、アブダクション、データ科学推論の基本を！

010 朝日新聞記者がMITのMBAで仕上げた
戦略的ビジネス文章術

野上 英文
2310円｜2022年7月30日発行
四六判並製｜416頁｜2刷

ビジネスパーソンの必修科目！書き始めから仕上げまで、プロフェッショナルの文章術を、すべてのビジネスパーソンに。

011 わたしが、認知症になったら
介護士の父が記していた20の手紙

原川 大介／加知 輝彦 監修
1540円｜2022年9月30日発行
B6判変型並製｜192頁

85歳以上の55%が認知症!?本書が、認知症、介護に対するあなたの「誤解・後悔・負担・不安」を解消します。

012 グローバル×AI翻訳時代の
新・日本語練習帳

井上 多惠子
2200円｜2022年9月30日発行
B6判変型並製｜256頁

外国人と仕事するのが普通となった現代のビジネスパーソン必携！AI翻訳を活用した、世界に通じる日本語力とコミュニケーション力。

013 人生のリアルオプション
仕事と投資と人生の
「意思決定論」入門

湊 隆幸
2420円｜2022年11月15日発行
四六判並製｜320頁

「明日できることを今日やるな」不確実性はリスクではなく、価値となる。私たち一人ひとりがそのオプション（選択権）を持っている!!

014 こころのウェルビーイングの
ためにいますぐ、できること

西山 直隆
2090円｜2022年12月25日発行
四六判並製｜320頁

モノは豊かになったのに、なぜココロは豊かになれないんだろう…
幸せと豊かさを手にしていく「感謝」の連鎖を仕組み化！

015 コンサル脳を鍛える

中村 健太郎
1980円｜2023年2月25日発行
四六判並製｜256頁｜3刷

コンサル本を読んでも同じようにスキルが身につかない？その答えは「脳の鍛え方」にあった!?すべての人に人生を変える「コンサル脳」を。

016 はじめての
UXデザイン図鑑

荻原 昂彦
2640円｜2023年3月30日発行
A5判並製｜312頁｜5刷

UXデザインとは、ユーザーの体験設計。商品作りでも販売現場でもDXでも…あらゆる場面でUXデザインが欠かせない時代に必須の一冊！

BOW BOOKS

017 コンサル・コード
プロフェッショナルの行動規範48

中村 健太郎
2200円｜2023年5月30日発行
四六判上製｜232頁

コンサルファーム新人研修プログラムテキスト本邦初大公開！ コンサルの作法と正しいアクションが学べる実践的スキルブック。

018 現代の不安を生きる
哲学者×禅僧に学ぶ先人たちの智慧

大竹 稽／松原 信樹
2200円｜2023年6月30日発行
四六判並製｜320頁

不安があってもだいじょうぶ。不安があるからだいじょうぶ。哲学者と禅僧による、不安の正体を知り、不安と上手につきあうための17項目。

019 いずれ起業したいな、と思っているきみに 17歳からのスタートアップの授業
アントレプレナー入門
エンジェル投資家からの10の講義

古我 知史
2200円｜2023年8月30日発行
四六判並製｜328頁

高校生から社会人まで、「起業」に興味を持ったら最初に読む本！

020 いずれ起業したいな、と思っているきみに 17歳からのスタートアップの授業
アントレプレナー列伝
エンジェル投資家は、起業家のどこを見ているのか？

古我 知史
1980円｜2023年10月30日発行
四六判並製｜296頁

起業家はみな変人だった!?出資を決める3つの「原始的人格」と「必須要件」とは？

021 グローバル メガトレンド 10
社会課題にビジネスチャンスを探る105の視点

岸本 義之
2750円｜2023年11月30日発行
A5判並製｜400頁

これは、未来予測ではない。2050年の必然である。ビジネスで地球と世界の未来を救う若き起業家たちへの希望の書、誕生！

022 戦略メイク
自分の顔は自分でつくる

池畑 玲香
1870円｜2023年12月25日発行
四六判並製｜272頁

キレイになるだけじゃもったいない。ほしい未来をかなえなくっちゃ！ 働く女性に、ヘアスタイルとメイクアップという女性の「武器」の有効活用法を！

023 イノベーション全史

木谷 哲夫
3080円｜2024年3月30日発行
A5判並製｜392頁

産業革命以来のイノベーションとそれにともなう社会の変革を振り返り、今求められる『イノベーションを起こすための条件』を浮き彫りにする。

024 ビジネスパーソンに必要な3つの力

山本 哲郎
1980円｜2024年4月30日発行
四六判並製｜336頁

いちばん重要なのに、なぜか会社では教えてもらえない3つのビジネス地頭力！ それは自己基盤力、課題解決力、論理的コミュニケーション力。

BOW BOOKS

025 I型さんのための100のスキル

鈴木 奈津美（なつみっくす）
2200円 ｜ 2024年4月30日発行
四六判並製 ｜ 336頁 ｜ 3刷

I型（内向型）のわたしが、内向型の本を100冊読んで、実践して、うまくいっていることベスト100！厳選50冊のブックガイド付き！

026 100年学習時代
はじめての「学習学」的生き方入門

本間 正人
2530円 ｜ 2024年5月30日発行
四六判並製 ｜ 344頁 ｜ 2刷

教える側に立った「教育学」から、学ぶ側に立った「学習学」へ！
「最終学歴」から「最新学習歴」へ！

027 大学図書館司書が教える AI時代の調べ方の教科書

中崎 倫子
2200円 ｜ 2024年8月10日発行
四六判並製 ｜ 320頁

生成AIを誰もが使う時代だからこそ知っておきたい、正しい情報の集め方・まとめ方。図書館もこんなに進んでいる!?チャートでわかりやすく解説。

028 グローバル企業のための新日本型人材マネジメントのすすめ

南 知宏
2750円 ｜ 2024年8月30日発行
四六判並製 ｜ 352頁

現地法人の課題解決に日本型経営の何が使えて、何が不要なのか？戦略人事コンサルティングのプロが理論と実践の両面から説く。

029 はじめてのメタバースビジネス活用図鑑

今泉 響介
2970円 ｜ 2024年9月30日発行
A5判並製 ｜ 296頁

100事例で学ぶ、メタバースビジネス活用の今と導入までのステップと成功のポイント。「はじめて」メタバースをビジネス活用する人向けのテキスト。

030 ディープドライバー
ほんとうにやりたいことを言語化する方法

古川 武士
2420円 ｜ 2024年10月31日発行
四六判並製 ｜ 296頁

やりたいことではなく、やる気の源泉=DEEP DRIVERを見つけよう！日本随一の習慣化コンサルタントによる、人生を変える習慣化究極メソッド！

031 漂流する資本主義
新たなパラダイムを求めて
現代資本主義全史

太田 康夫
2640円 ｜ 2024年11月30日発行
A5判並製 ｜ 296頁

問われているのは、資本主義か否かではなく、どんな資本主義かだ。失われた30年の本質的要因に迫り新たな資本主義のパラダイムを探る。

BOW BOOKS
時代に矢を射る
明日に矢を放つ

全国主要書店、オンライン書店、電子書籍サイトで。
お問い合わせは、
https://www.bow.jp/contact

BOW BOOKS

時代に矢を射る　明日に矢を放つ

WORK と LIFE の SHIFT のその先へ。
この数年、時代は大きく動いている。
人々の価値観は大きく変わってきている。
少なくとも、かつて、一世を風靡した時代の旗手たちが説いてきた、
お金、効率、競争、個人といったキーワードは、もはや私たちの心を震わせない。
仕事、成功、そして、人と人との関係、組織との関係、
社会との関係が再定義されようとしている。
幸福の価値基準が変わってきているのだ。

では、その基準とは？　何を指針にした、
どんな働き方、生き方が求められているのか？

大きな変革の時が常にそうであるように、
その渦中は混沌としていて、まだ定かにこれとは見えない。
だからこそ、時代は、次世代の旗手を求めている。
彼らが世界を変える日を待っている。
あるいは、世界を変える人に影響を与える人の発信を待っている。

BOW BOOKS は、そんな彼らの発信の場である。
本の力とは、私たち一人一人の力は小さいかもしれないけれど、
多くの人に、あるいは、特別な誰かに、影響を与えることができることだ。
BOW BOOKS は、世界を変える人に影響を与える次世代の旗手を創出し、
その声という矢を、強靭な弓（BOW）がごとく、
強く遠くに届ける力であり、PARTNER である。

世界は、世界を変える人を待っている。
世界を変える人に影響を与える人を待っている。
それは、あなたかもしれない。

代表　干場弓子